教育部人文社会科学研究青年基金项目（民族认同视域中的F.R.利维斯文学批评研究，
批准号：16YJC752001）研究成果

Leavis

利维斯文学批评与民族认同

Leavis's Literary Criticism and National Identity

毕懿晴 著

WUHAN UNIVERSITY PRESS
武汉大学出版社

图书在版编目(CIP)数据

利维斯文学批评与民族认同/毕懿晴著. —武汉：武汉大学出版社，2021.6(2022.4 重印)
ISBN 978-7-307-22302-8

Ⅰ.利…　Ⅱ.毕…　Ⅲ.利维斯—文学评论—研究　Ⅳ.I561.065

中国版本图书馆 CIP 数据核字(2021)第 091538 号

责任编辑:李晶晶　　责任校对:李孟潇　　版式设计:马　佳

出版发行：**武汉大学出版社**　(430072　武昌　珞珈山)
(电子邮箱：cbs22@ whu.edu.cn　网址：www.wdp. com.cn)
印刷：武汉邮科印务有限公司
开本:720×1000　1/16　印张:12　字数:172 千字　插页:1
版次:2021 年 6 月第 1 版　　2022 年 4 月第 2 次印刷
ISBN 978-7-307-22302-8　　定价:36. 00 元

前　言

利维斯是20世纪英国文学批评界非常具有影响力的批评家，他在其文学批评中体现出了鲜明的英国民族认同视域。20世纪上半叶，现代民族国家纷争不断，利维斯希望通过文学批评的社会功能来弥合英国民族文化缝隙，振兴英国民族精神。利维斯在其文学批评实践中，始终不忘强调英国民族文化特色，注重文学批评的民族认同影响力，提升英国民众的民族自信心和自豪感，建构和巩固英国民族认同情感，以此凝聚英国民众之民心。

利维斯的文学批评重视民族认同视域源于英国文化传统、时代客观需求和个人主体驱动力这三个方面的影响。英国文化批评中的道德主义传统和精英主义传统的影响、战后英国社会对民族认同日益强烈的需求、利维斯个人的国家情怀等因素都是其关注民族认同的内在驱动力。历史原因、时代原因、个人原因三者共同作用，使利维斯产生强烈的民族意识，并在其文学批评实践中得到充分体现。

利维斯的文学批评有其衡量尺度和批评标准。民族认同是利维斯开展文学批评的重要衡量尺度。英国文学传统中的语言独特性、艺术独特性以及风格独特性都凸显了英国的民族性；文学作品是否具有较高的价值与其是否能宣传和弘扬具有黏合民族感情的伦理规范相关，也与其是否能给民众带来凝聚认同情感的崇高伦理体验相关。此外，利维斯认为文学作品应该能够提升英国国民对英国艺术的认同感，帮助英国国民更直观地品味和感受英语艺术。

利维斯在民族认同视域中开展的批评实践，包括撰写文学批评作品、编辑文学刊物、开展文学教育等不同形式。利维斯文学批评作品中的文本细读批评方式帮助其发现了文学中的民族认同价值，并以此重构英国文学的伟大传统；利维斯所编辑的期刊《细察》以及利维斯带领的利维斯团体，传播了民族认同的理念，并形成了不可忽视的社会影响力；利维斯在推行英国文学教育的过程中，建构了英国文学批评的学术体制，巩固和强化了英国民族认同情感的文化纽带。

利维斯的文学批评中的民族认同视域有助于发掘文学深层的文化政治属性，赋予了文学批评更为重要的社会责任，同时在一定程度上也激活了英国国民在文学想象中的帝国优越感。民族认同意识对于英国社会民族认同的建构和巩固无疑具有推动作用，但同时也带来一定程度的负面影响，文学审美的弱化、文学中个人价值的淡化以及对第三世界国家民族文化价值的轻视等都不可忽视。

目　　录

绪　论

英国文学批评家 F. R. 利维斯于 1895 年 7 月 14 日出生于剑桥一个商人家庭。利维斯曾在珀斯学院学习，珀斯学院以优良教育著称。在珀斯学院，利维斯学习了古典文学、文法学及多种欧洲语言，为日后文学研究打下了坚实的基础。可以说，利维斯虽然不是王公贵族的后代，但是作为资产阶级的后代，他从小就接受了良好的人文教育。1914 年，第一次世界大战爆发，利维斯参军并在救护队任担架手，负责抬担架运送伤员，这也是他日后对英国民族和人类命运产生政治关怀的心理基础。1918 年，一战结束，利维斯继而于 1919 年进入剑桥大学伊曼纽尔学院攻读历史学位。1920 年，利维斯转入剑桥大学英文学院学习英国文学。1924 年，利维斯在英文学院获得博士学位，博士毕业论文为《新闻与文学的关系：英格兰出版业的兴起及早期发展》①。1924 年至 1926 年，利维斯以自由撰稿人身份谋生。1927 年，利维斯获得剑桥大学英文系的见习讲师职位。1929 年，

① 利维斯博士论文的英文原标题为：*The Relationship of Journalism to Literature: Studies in the Rise and Earlier Development of the Press in England*。

利维斯在课堂上结识了与之志趣相投的学生 Q. D. 利维斯，并于当年结婚。Q. D. 利维斯于 1932 年出版了《虚构小说与读者大众》①（*Fiction and the Reading Public*）（1932），其后又与利维斯合作出版了《美国讲稿》（*Lectures in America*）（1969）和《小说家狄更斯》（*Dickens the Novelist*）（1970），除此之外，Q. D. 利维斯在《细察》期刊也担任重要角色，承担编辑和撰稿工作。1930 年，利维斯发表了第一部具有影响力的作品《多数人的文明与少数人的文化》（*Mass Civilization and Minority Culture*）（1930），可以说，利维斯的文学批评是以文化研究为开端的。同年，利维斯发表《D. H. 劳伦斯》（*D. H. Lawrence*）（1930）。1932 年，利维斯进入剑桥大学唐宁学院，受聘为唐宁学院英文研究室主任，在接下来的 30 年，利维斯一直在唐宁学院任教。1932 年 9 月，利维斯成为 1932 年 5 月创刊的《细察》（*Scrutiny*）（1932）期刊编委，并担任主编，一直到 20 年后《细察》停刊。

1932 年至 1955 年期间，利维斯发表了一系列作品，主要以文学批评为主，包括诗歌批评、小说批评、小说家批评，主要作品包括：《英语诗歌新方向》（*New Bearings in English Poetry*）（1932），《怎样教阅读：了解庞德》（*How to Teach Reading：A Primer for Ezra Pound*）（1932）《重估：英语诗歌中的传统与继承》（*Revaluation：Tradition and Development in Enlgish Poetry*）（1936），《伟大的传统》（*The Great Tradition*）（1948），《共同的追求》（*The Common Pursuit*）（1952），《劳伦斯：小说家》（*D. H. Lawrence：Novelist*）（1955）。此间，利维斯还发表了一些文化批评作品，如《文化与环境》（*Culture and Enviornment*）（1933），《教育与大学》（*Education and the University*）（1943）。

1960 至 1962 年，利维斯被聘为剑桥大学的“朗读者”（Reader）。1962 年，利维斯从剑桥大学退休。退休之后，利维斯仍然活跃在文学和文化批

① Q. D. 利维斯的此部《虚构小说与读者大众》具有广泛的影响，美国文学批评家和文学理论家伊恩·瓦特曾在其著名作品《小说的兴起》一书的序言中直言，自己很感谢 Q. D. 利维斯，称自己受到了 Q. D. 利维斯《虚构小说与读者大众》的很大启发。

评领域，发表了《两种文化？C.P. 斯诺的意义》(*Two cultures? The Significance of C. P. Snow*)(1962)、《安娜·卡列尼娜及其他》(*Anna Kerenina and Other Essays*)(1967)、《美国讲稿》(*American Lectures*)(1969)、《我们时代的英国文学与大学》(*English Literature in Our Time and the University*)(1969)、《我的剑不会休》(*Nor Shall My Sword*)(1972)、《鲜活的原理：英语作为一种思维》(*The Living Principle: English as a Discipline of Thought*)(1975)、《思想、语言及创造性：劳伦斯的艺术与思想》(*Thought, Words and Creativity: Art and Thought in Lawrence*)(1976)。

如果将利维斯的研究轨迹按时间先后分为三个阶段，我们基本上可将其划分为：第一阶段以文化研究为主，文学研究为辅；第二阶段以文学研究为主，文化研究为辅；第三阶段文学研究与文化研究相结合。利维斯既坚持文学的“文学性”，又关注文学外部，关注文学与生活，他认为“真正的文学兴趣也是对人生与社会的兴趣”。① 因此，利维斯的文学批评一直以“文学外部”为研究旨归。利维斯的批评观点精辟犀利，行文极富张力，这使他的批评具有特别的利维斯风格。除了在陈述自己观点时表现了掷地有声的风格之外，利维斯在与他人的论争中②也持非常激烈的态度，这使利维斯在受人尊敬的同时也饱受他人诟病，成为文学批评界一位富有张力的争议人物。

1965 年至 1968 年，利维斯受邀成为约克大学的访问教授，而后也在威尔士大学和布里斯托大学担任访问教授。在此期间，他还被利兹大学、约克大学、德里大学等高校授予文学博士学位。1978 年新年，利维斯被英国王室授予“荣誉勋爵”头衔。1978 年 4 月 14 日，利维斯与世长辞。

① F R 利维斯．伟大的传统[M]．袁伟译．北京：生活·读书·新知三联书店，2002：8.

② 如利维斯与斯诺的关于科学文化和文学文化的“两种文化”之争。

0.1 选题缘起与意义

民族认同问题是近年来学界广泛关注的热门话题之一，现代民族国家纷纷建立以来，国际之间的交往交流频繁，民族认同问题成为一个不可忽视的重要命题。学界看到了民族认同问题的重要性，也开始从各个维度反思民族认同问题，文学与民族认同的关系也是其中的维度之一。近年来，英国文学批评家利维斯的文学批评也受到广泛关注，关于利维斯文学批评与民族认同之间的关系，学界也有涉及，但是对于这一颇具考察价值和意义的命题，还没有深入研究。

0.1.1 选题缘起

20世纪80年代以来，现代民族国家问题和现代身份自我认同问题逐渐成为学界的热门话题，关于此类问题的研究著述不断增加。在现当代社会，国家民族之间的交流、冲突都比较频繁，民族认同情感的建构是现代民族国家必须面对的问题。民族认同是自我身份认同的重要组成部分，能为民族共同体成员提供安全感和归属感，民族文学作为参与民族认同情感建构的重要组成元素，也不可避免地受到学者的关注。

利维斯对英国文学做了深刻严肃的思考，在战后弘扬英国民族精神、传播英国民族文化的过程中发挥了不可替代的作用。利维斯是20世纪英国文学研究领域极具影响力和争议的以犀利文风著称的文学批评家，他一生出版了近三十部作品，以文学批评为武器，建构了英国文学传统、促进了英国文学的兴起、体现了英国民族认同面临危机时知识分子的功能，并引发了学界对文学与国家民族意识形态领域关系的强烈关注。

民族认同是现代民族国家在建构过程中都必须面对的问题，因为它关系到国家民族的存在和长远发展。民族认同是一个民族的民众对本民族在情感上产生归属感的体现，它是一个动态多维的过程，涉及社会学、心理学、政治学、历史学等多个学科领域。正如安东尼·史密斯所说："社会科学的概念如'族群认同'和'民族认同'，与自然科学中的概念不一样，既能作为分析性概念，也能表述'参与者'们的想法和实践中的范畴。"①因此，民族认同概念对于参与建构民族认同的文学批评家们的想法和实践也有很强的分析力和解释力。20世纪的两次世界大战及战后反殖民浪潮和全球化进程给现代国家民族的民族认同带来了危机的同时也带来了机遇。两次世界大战及战后，世界上涌现出许多民族诗人，如印度的泰戈尔、俄国的普希金、法国的莫迪亚诺等，他们在民族认同面临危机之时对本民族的民族认同建构做出了突出贡献。利维斯作为英国的人文知识分子在参与建构民族认同情感，弘扬英国国家精神方面的实践也很值得关注。

文学与社会之间关系密切，互相影响，利维斯的文学批评与社会之间的关系也是如此。利维斯在其文学批评中对于民族认同的关注非常强烈，将利维斯的文学批评置于20世纪上半叶现代民族国家形成的整体场域中，在英国民族经历了两次世界大战以及战后反殖民化浪潮冲击的历史语境下，剖析利维斯在民族认同出现危机时期所进行的文学批评，有助于考察文学的社会历史使命。从利维斯文学批评活动中的民族认同动因、利维斯文学批评标准中的民族认同尺度、利维斯文学批评实践中的民族认同追求、利维斯文学批评对英国民族认同的影响以及利维斯文学批评中民族认同导向的反思这五个方面深入探究、全面反思利维斯文学批评与民族认同之间的辩证关系和互动机制，探索其产生的原因、批评标准、内在规律及表现形式，以此进一步考察文学批评的社会历史使命。

0.1.2　选题意义

对利维斯文学批评的民族认同维度进行研究，具有重要的理论意义和实际意义，主要体现在以下三个方面：

① 安东尼·史密斯．民族主义：理论、意识形态、历史[M]．叶江译．上海：上海世纪出版集团，2011：19.

1. 有助于深入认识文学与社会文化之间的关系，深化文学理论及批评方法的研究。文学与社会文化之间的关系是多角度的，民族认同维度也是其中之一，对利维斯文学批评的民族认同维度进行专门且系统的研究和考察，对于认识文学与社会文化之间的关系具有重要理论意义，对于丰富和深化文学理论及批评方法无疑具有重要参考价值。

2. 有助于深入研究英国文学批评史，特别是有助于深化20世纪英国文学批评史的研究。将文学批评置于英国文学史的宏观背景和现代民族国家形成的整体场域中，从民族认同视角，集中研究、系统探讨利维斯的文学批评作品，分析文学批评与民族认同之间的辩证关系和互动机制，是一项具有开拓性的研究，它将深化利维斯文学批评研究，同时丰富跨学科视野下的20世纪英国文学批评研究。

3. 有助于为我国的文学理论与批评的发展、建设提供借鉴，为促进文学与社会文化的深入互动提供参考，具有一定的实际意义。利维斯对英国民族文学的推崇是基于构建英国民族文化、弘扬英国民族精神和增进英国民族认同而进行的。运用文化学、社会学、政治学、哲学等方法考察利维斯文学批评的民族认同维度，总结有关历史经验和教训，有助于为当前历史文化语境下中国文学的理论和批评实践提供借鉴，为中华民族认同的提升、中华民族文学的繁荣提供反思视角和参照体系。

本书将从民族认同的视角对利维斯的文学批评主张和实践进行整体性和系统性研究。将利维斯的文学批评置于20世纪上半叶特定语境下，在英国民族经历了两次世界大战以及战后反殖民化浪潮冲击的历史语境中，剖析利维斯在民族认同出现危机以及文学价值观念转型的时期所进行的文学批评，深入探究、全面反思利维斯文学批评与民族认同之间的辩证关系和互动机制，探索其产生的原因、批评标准、内在规律及表现形式，并借此进一步考察文学批评的历史使命和现实意义，为中国本土语境中的文学批评研究提供借鉴。

0.2 国内外研究现状

利维斯文学批评研究领域在国内外已经有了许多研究成果，各类学者从不同角度对利维斯文学批评进行言说，共同书写了利维斯研究的历史篇章，特别是近30年，利维斯文学批评受到国内外学者的广泛关注，其研究主题包括文学内部研究及文学外部研究，涉及文本细读、文学理论、文化政治学、文化研究、哲学、美学、教育学、传播学、民族学等多个领域，将利维斯研究系统深入地进行推进。

民族认同研究是当今社会语境下的一个重要命题，世界各国学者也从多方面对此命题进行了系统深入的研究，其研究主题涉及民族认同的内涵研究及跨学科研究等，研究范围涉及心理学、社会学、哲学、文化理论、教育学等多个领域。在国内外学者已有的研究中，与本研究相关的主要内容如下：

0.2.1 国外研究现状

国外关于利维斯的研究主要分为以下四个主题：(1)对利维斯生平及其作品总体研究。国外关于利维斯的传记类著作有十多部，如迈克尔·贝尔(Michael Bell)的《F. R. 利维斯》(*F. R. Leavis*)(1988)对利维斯的一生进行了翔实的介绍，并对利维斯的文学批评作品中的诗歌批评和小说批评做了专门的论述，迈克尔认为，“利维斯作为一个具有影响力的批评家，他关于诗人和小说家的文学批评是任何成熟读者们必读的作品”。① 威廉·沃尔什(William Walsh)的《F. R. 利维斯》(*F. R. Leavis*)(1980)除了对利维斯的生平进行了介绍之外，对利维斯的教育目标、期刊主编生涯、主要批评特点等方面也做出了探讨和阐述。威廉指出，利维斯的批评中强调一种更宏大和更严肃的声音，批评“应该既是与道德相关的，也是与审美相关的，

① Micheal Bell. F. R. Leavis[M]. London and New York: Routledge, 1988: 131.

甚至是，从本质上来说，批评应该为道德目的服务”。① 安妮·萨姆森(Anne Samson)的《F. R. 利维斯》(*F. R. Leavis*)(1992)也是一部总体介绍利维斯的书籍。安妮认为，利维斯作为“一个卓越且有影响力的思想家、一个严肃的道德家、一个富有魅力的教师，他对现代文化和时代弊端进行审视……他同时也是一个充满矛盾的人物”。② (2)对利维斯文学批评的解读。阿·彼·比兰(R. P. Bilan)的《利维斯的文学批评》(*The Literary Criticism of F. R. Leavis*)(1979)较为全面地阐释了利维斯的文学批评思想，他认为利维斯的宗教态度很大程度上影响了其文学批评。此外，比兰对利维斯关于劳伦斯作品的文学批评非常关注，比兰认为，劳伦斯的文学作品很好地体现了利维斯的批评准则，利维斯对“生活”的肯定和对“传统”的重视从其对劳伦斯作品的文学批评中可见一斑。③ 弗朗西斯·穆尔汗(Francis Mulhern)在《〈细察〉的时刻》(*The Moment of Scrutity*)(1979)总结了利维斯文学批评刊物《细察》的遗产，包括其对英国文学传统的界定，以及围绕文学本质和文学社会功用的一系列思想的解读。特雷·伊格尔顿(Terry Eagleton)在《文学理论》(*Literary Theory*)(1983)中认为利维斯的文学批评实际上是一种和意识形态领域相关的道德批评。(3)对利维斯文化思想的阐释。马丁·坎普(Martin Kemp)在《剖析两种文化》(*Dissecting the Two Cultures*)(2009)中将利维斯与斯诺的争辩置于两种文化之争的场域中进行探讨，认为利维斯的文化概念中没有科学的位置，体现了利维斯对工业文明的排斥。马丁认为：对于利维斯来说，“科学，是技术社会的产物，它并没有人文价值”。④ 雷蒙·威廉斯在《文化与社会：1780—1950》中分析了利维斯的文化观，对利维斯的《大众文明与少数人文化》做出分析，认为

---

① William Walsh. F. R. Leavis[M]. Bloominton&London: Indiana Univerisity Press, 1980: 123.

② Anne Samson. F. R. Leavis [M]. Toronto&Buffalo: Univerisity of Toronto Press, 1992: 172.

③ R P Blilan. The Literary Criticism of F. R. Leavis [M]. Cambridge: Cambridge Univerisity Press, 1979: 231.

④ Martin Kemp. Dissecting the Two Cultures. [J]. Nature, 2009 (05): 32-33.

利维斯的文化观是“文化观念发展中的一个新的立场”，在这个源于阿诺德和柯勒律治的立场中，“文化成了一个实体，一个由成就和习惯组成的确定实体，表达了一种比文明进步所带来的模式更为优越的生活模式”。① 威廉斯认为利维斯的文化观中也有值得让人反思和警惕的地方，因为“让批评担负起掌控整个个体和社会经验品质的重任，容易造成破坏性的误解”。② (4) 对利维斯大学教育思想的研究。理查德·斯多纳(Richard Storer)的《英语、教育和大学：利维斯的著作及其意义》(1993)对利维斯关于英语教育在大学中的核心地位的思想做了全面的探讨。安妮·萨姆森(Anne Samson)的《F. R. 利维斯》(*F. R. Leavis*)(1992)也肯定了利维斯对英语研究的兴起做出的巨大贡献，她认为利维斯的文学批评与大学教育紧密相关，文学应该成为大学教育中培养学生道德甄别意识的重要学科。安妮对利维斯与英国文学研究的关系做了梳理，安妮认为英文作为一门大学学科与利维斯有直接关系，在英文成为一门学科的过程中，经典的生成和建构也与利维斯有密切关联。国外学术界对民族认同的研究，大体上可以分为三大方面：

1. 民族认同的内涵研究。安东尼·史密斯(Antony Smith)的《民族认同》(*National Identity*)认为民族认同应该包括共同的领土、共同的记忆、共同的公共文化、共同的法律体、共同的经济体五个因素；安东尼提出民族认同感能带来外部和内部两种影响，“外部功能与领土、经济和政治相关”③，内部功能则是指“通过集体人格及其独特的文化，民族认同感为个人在世界中的自我定义和自我定位提供了一种有力的方式”。④ 本尼迪克特·安德森(Benedict Anderson)的经典民族主义作品《想象的共同体：民族

① 雷蒙·威廉斯. 文化与社会[M]. 高晓玲译. 长春：吉林出版集团有限责任公司，2011：270.

② 雷蒙·威廉斯. 文化与社会[M]. 高晓玲译. 长春：吉林出版集团有限责任公司，2011：271.

③ 安东尼·史密斯. 民族认同[M]. 王娟译. 南京：译林出版社，2018：24.

④ 安东尼·史密斯. 民族认同[M]. 王娟译. 南京：译林出版社，2018：24.

主义的起源与散布》(2011)对民族及民族认同的内涵提出了独到的见解，他认为民族是一种“被想象为本质上有限的，同时也享有主权的共同体”。① 吉恩·菲尼(Jean Phinney)(1996)在《民族多样化》中提出民族认同涉及个人对群体的归属感、积极评价以及个体对群体的文化兴趣和实际参与行为等。

2. 民族认同的跨学科研究。戴维·米勒(David Miller)的《公民身份与国家民族认同》(*Civil Identity and National Identity*)(2000)认为政治机会平等的公民身份有助于提升民众的国家民族认同情感；尤尔根·格姆(Jurgen Grimm)和里欧涅·哈迪(Leonie Huddy)以及皮特·施密特(Peter Schmidt)合著的《动态民族认同：媒体与社会因素》(*Dynamics of National Identity: Media and Societal Factors of What We Are*)(2016)探讨了民族认同的多维度模式，包括媒体、宗教、历史等模式，并探究了不同学科和不同国家之间如何支持跨种族多样性以及跨国互动性的方式；门罗·普莱斯(Monroe Price)的《电视、公共领域和国家民族认同》(*Television, Public Area and National Identity*)(1996)认为电视作为公共领域的主要传播渠道对国家民族认同产生了重要的影响。戴维·胡森(David Hooson)的《地理与民族认同》(*Geography and National Identity*)探讨了地理与民族认同之间的互动关系，戴维认为地理与民族之间的关系密切，但是越来越多的跨国组织的形成和发展可能会稀释地理对民族认同感的重要性。

3. 某一特定时期或特定民族的民族认同研究。梭拉克·皮特(Thorlac Peter)的《英格兰和国家：1290 年到 1340 年的语言文学与国家认同》、塞穆尔·亨廷顿(Samuel Huntington)的《我们是谁：美国国家民族认同面临的挑战》(*Who Are We?: The Challenges to America's National Identity*)(2005)以及艾米莉亚·哈菲尔德(Amelia Hadfield)的《英国外交政策、国家认同和新古典现实主义》(*English Foreign Policy, National Identity and New Classical*

① 本尼迪克特·安德森．想象的共同体：民族主义的起源与散布[M]．吴睿人译．上海：上海人民出版社，2011：6.

Realism)(2010)；马修·克雷格(Matthew Cragoe)的《威尔士的文化、政治和民族认同(1832—1886)》(*Culture, Politics and National Identity in Wales 1832—1886*)(2004)等，都是关注某一时代或某一国家的民族认同方面的研究。其中提出文明冲突论的学者塞穆尔·亨廷顿的《我们是谁：美国国家民族认同面临的挑战》就是对美国民族认同问题的研究，塞缪尔认为美国的国家民族认同的集体信仰的核心是盎格鲁-撒克森所代表的新教文化，而此民族文化在移民潮以及全球化的过程中受到了挑战，多元文化和世界主义等观念的盛行使美国遇到了民族认同危机。

0.2.2 国内研究现状

国内民族认同研究近年来也成为研究热点，首先，民族认同这个概念本身就涵义复杂，它包含了丰富的思想和观念，吸引学者们进行探讨。此外，民族认同强大的理论阐释力使之与其他相关学科产生了很多跨学科之间的互动，国内民族认同研究主要分为以下三类：

第一类，全球视野中的民族认同研究。比如马珂的《后民族主义的认同建构及其启示》(2010)认为后民族主义的集体认同应突破民族认同和民族国家的框架；韩震的《全球化时代的文化认同与国家认同》(2013)详细介绍了全球化进程中国家民族问题，韩震认为全球化加剧了认同问题的凸显，在经济全球化和信息网络化的共同作用下，不同国家的人员、货物和信息的跨国流动愈来愈频繁，“身份认同、文化认同和国家认同成为一个必须时刻思考和做出选择的问题”。① 因此任何国家都不能忽视全球化对民族问题的影响；詹小美的《民族文化认同论》(2014)全面、系统地研究了民族文化认同的理论与现实问题。

第二类，民族认同与文学、文化、政治等领域的交叉研究。比如江宁康的《世界文学：经典与超民族认同》(2011)认为各民族文学经典之作的意

① 韩震．全球化时代的文化认同与国家认同[M]．北京：北京师范大学出版社，2013：7.

义不仅仅限于本民族，而是超越了单一民族的文化传统，具备各民族共有的价值观念和审美品位，上升到超民族认同的境界；罗兆麟的《当代民族国家的认同危机及其治理》(2015)分析了认同危机的不同层面并探讨了处理认同危机的策略。樊义红的《文学的民族认同特性及其文学性生成——以中国当代少数民族小说为中心》将认同和民族认同理论引入中国当代少数民族小说研究中，并认为“民族文学很多元素都参与了对民族认同的建构，语言、叙事、文体和形象方面对民族认同的建构最为隐秘和复杂”。①

第三类，我国某一特定少数民族或中华民族的民族认同研究。比如李瑞君的《当代新疆民族文化现代化与国家认同研究》(2013)介绍新疆文化现状、当前面临的危机与冲突、新疆民族文化现代化的紧迫性和应当坚持的基本原则，提出了边疆民族地区文化现代化以巩固民族认同的路径；徐杰舜的《中华民族认同论》(2014)认为中华人民共和国的国家建构与两千年的华夏中华民族的民族认同一定要匹配起来，使中华民族屹立于世界民族之林。

国内利维斯研究起步较早，在20世纪30年代，曾留学英国剑桥大学的叶公超先生指导他的清华弟子常风在民国时期著名刊物《新月》1933年第4卷第6期上发表《利维斯的三本书》，介绍利维斯的《少数人的文化与多数人的文明》(1930)、《D. H. 劳伦斯》(1930)和《英语诗歌新动向》(1932)这三本书。从时间上来说，利维斯在英国出版了他的著作之后不久，国内学者马上进行了介绍，因此可以说，国内学界关注利维斯的起点时间非常早。接下来的几十年，我国对利维斯的研究进入沉寂期，直到20世纪90年代才又出现了关于利维斯的研究。新世纪以来的最近十多年，学界对利维斯研究给予了越来越多的关注，利维斯研究逐渐走向成熟并进入繁盛期。国内利维斯研究正在从边缘走向中心，从萌芽走向成熟，此种现象出现的主要原因有两个方面。一是利维斯批评自身的特性。利维斯批评坚持

① 樊义红．文学的民族认同特性及其文学性生成——以中国当代少数民族小说为中心[M]．北京：中国社会科学出版社，2016：1.

以文本为基础。学界经常把利维斯和英美新批评相提并论，有的称利维斯引导并属于新批评派，有的称利维斯附庸于新批评派。无论利维斯与新批评之间的关系如何，利维斯与新批评联系紧密就在于二者都一贯坚持拥抱具体的文本分析方法。而且利维斯本人也多次以反哲学或者反理论的姿态示人，甚至反对韦勒克总结自己的文学理论和批评原则。不以理论自居、对文本细读的近乎极端的绝对坚持，这个特点使利维斯批评在文学理论流派多样纷呈的20世纪极具特色。二是利维斯的研究方法与中国文学批评现实需要的契合性。利维斯作为一个批评家而不是文学创作者，能够被中国学界接受并引起大家的兴趣和讨论，这很大程度上与中国文学文化批评的现状有直接关系。自20世纪80年代大量西方文艺理论传入中国以来，中国的文学批评界便开始用各种纷繁复杂的西方理论来理解和阐释文学，甚至“对理论过于执着以致到了迷信的地步”,① 出现了很多生搬硬套西方理论的现象，聂珍钊先生称之为远离文本的“文学研究的异化”现象。因此，中国文学批评界需要在强调理论的同时回到文学文本自身。而利维斯的研究方法重视文本、重视细读，显然是与中国文学批评界的现实需要相契合的。

国内利维斯研究主要分为以下四个主题：

第一，利维斯的文学批评研究。著名中国文学评论家夏志清先生的《中国现代小说史》于1961年在耶鲁大学出版社出版，此书的中译本于上世纪70年代之后分别在香港、台湾和大陆陆续出版，在季进与夏志清的访谈录中，夏志清对利维斯多有赞誉之词，称此书的写作受到利维斯的《伟大的传统》的影响，致力于发现和评点优美的作品。殷企平的《用理论支撑阅读——也谈利维斯的启示》(1999)从利维斯“反理论”的批评策略出发，探讨了理论与阅读之间的关系。刘雪岚的《回顾伟大的传统——F. R. 利维斯的启示》(1999)一文对利维斯的批评风格和批评思想进行了概括式的阐

① 聂珍钊．剑桥学术传统与研究方法：从利维斯谈起[J]．外国文学研究，2004(6)：6-12.

述。2002 年袁伟翻译的利维斯小说批评著作《伟大的传统》(2002)出版。利维斯研究专家陆建德先生为此本译著作序，对利维斯的生平经历、文化理想、文学批评及其学术地位做了详细且精彩的解读，成为我国关于利维斯的细读式文学批评非常具有启发性的文章。陆建德先生认为“在 20 世纪的英国批评家中，他的实际影响恐怕无人可及”。① 张丹丹的《利维斯与艾略特：从劳伦斯谈起》梳理了利维斯对艾略特的矛盾的批评观，并认为，“利维斯对劳伦斯的评价决定了利维斯对艾略特的批评态度”。② 熊静雅的《利维斯的诗歌语言观》认为“利维斯所提倡的理想的诗歌语言即口语化和生活化的鲜活的语言”。③

第二，利维斯的文化思想阐释。陆扬和王毅的《文化研究导论》(2011)指出利维斯是文化研究的先声人物，并认为利维斯主义的四个显著特点为：有机审美论、历史主义、激进主义、民族主义。书中提到了利维斯与英国民族主义的关系，但是没有深入系统地阐述这一点。邹赞的《文化的显影——英国文化主义研究》(2014)将利维斯置于英国文化主义思想传统中的一环，并考察了其对文化研究的影响。聂珍钊的《剑桥学术传统与研究方法：从利维斯谈起》(2004)，此文主张文学批评应回归文学文本自身，着重关注文学作品的道德和社会意义，而非一味标榜各种文学理论。赵一凡的《西方文论讲稿续编》(2002)认为利维斯代表的是英国文化保守主义，对利维斯的精英主义、生活批评、道德传统都进行了批判。汪玉琴的《文化批评：当代文化研究的一种视野》(2007)考察了文化批评先驱诺斯诺普·弗莱和利维斯的文化批评，并辨析了文化批评和文化研究之间的关系。作者认为，文化研究呈多元性，但是文化批评坚持以文学为基础、以彰显文学的语境以及文学的人文价值为目的。

---

① F R 利维斯．伟大的传统[M]．袁伟译．北京：生活·读书·新知三联书店，2002：23.

② 张丹丹．利维斯与艾略特：从劳伦斯谈起[J]．外国文学研究，2019(1)：140-163.

③ 熊静雅．利维斯的诗歌语言观[J]．外国文学评论，2017(1)：194-206.

第三，利维斯的教育思想解读。王庆与董洪川的《经典与大学：也谈新时代外语专业人才培养问题——重读白璧德与利维斯》探讨了白璧德和利维斯两位关于文学经典与大学教育的关系的评价，指出文学经典“体现了一个作家的责任意识和人性关怀。阅读经典就是与成熟的心智对话，与勇于承担的人交流，洞察人性、关怀同类，培养责任感和道德意识、锻造观察力和思辨力”。① 杨自伍在《教育：让人成为人——西方大思想家论人文与科学》一书中收录了两篇与利维斯相关的文章，并谈到利维斯对英语教育的重视和对英语成为大学课程这一事实的推动，以及利维斯与斯诺展开的论战，分析了利维斯对两种文化的态度。②

第四，利维斯的期刊出版研究。曹莉的《利维斯与〈细察〉》(2019)考察了《细察》诞生的背景以及《细察》的宗旨与意义，以此来论述该期刊对英国文学批评的贡献，曹莉认为《细察》期刊是英国文学批评的一个意义重大的里程碑，“无论是考察利维斯的批评生涯，还是评价剑桥批评传统”都与此期刊相关。③ 张瑞卿的《利维斯〈细察〉集团回溯实录》梳理了《细察》的创刊经历、《细察》的撰稿团体以及《细察》的期刊理念，认为“英国批评史倘若缺失了利维斯及其《细察》勇士团的精诚合作和批评智慧，‘英文’‘文学研究’乃至‘文化研究’将会是另一番景观”。④ 周芸芳的《细察派与新批评之源流及其关系考证》一文这两个学派的批评方法、批评观等进行了对比，指出“细察派关注的不仅仅是诗歌、小说，而且还涉及道德、文化和社会等各方面的问题，它对新批评和文化研究起到了先导作用；而新批评更关注诗歌文本的内部研究，并不关注与文本相关的作家、读者、社会等元

---

① 王庆，董洪川．经典与大学：也谈新时代外语专业人才培养问题——重读白璧德与利维斯[J]．外语电化教学，2019(03)：3-8.

② 杨自伍．教育：让人成为人——西方大思想家论人文与科学[M]．北京：北京大学出版社，2010：304.

③ 曹莉．利维斯与《细察》[J]．当代外国文学，2017(04)：109-115.

④ 张瑞卿．利维斯《细察》集团回溯实录[J]．文艺理论研究，2017(3)：133-142.

素”。① 辛亚敏的《利维斯与细察派莎评》考察了《细察》期刊所刊登的莎评文学批评家们对莎士比亚作品的语言、意象等进行分析的文章。

总体来看，国内利维斯研究取得了一定的成果，但是以利维斯在文学批评史上的地位、其作品的特色及其对文学研究、文化研究、英国国家认同等产生的影响而言，利维斯研究还存在着一些不足之处。具体表现为：

第一，研究成果较少。国内关于利维斯批评的专著目前还没有，国内关于利维斯文学批评的期刊文章虽然近几年逐渐增多，但是数量还是相对较少，特别是与利维斯的重要文学编辑刊物《细察》有关的研究论文数量极少，仅有两篇。这与利维斯的译介现状相关，迄今为止，国内利维斯著作的译作还只有袁伟翻译的《伟大的传统》一部，而利维斯本人的著作及关于利维斯的国外研究资料非常丰富，因此，为了更好地推动利维斯研究，必须加强对利维斯未译作品、国外利维斯研究资料的翻译工作，这也是扩大利维斯作品传播范围和接受程度的重要保证。第二，研究队伍有待壮大。目前国内利维斯研究的队伍中既有属于中文领域的研究者，也有属于外语领域的研究者，但是大部分属于后者。特别是与利维斯直接相关的课题基金项目主持者几乎都是英美文学研究者。因此，要推进利维斯研究，除了加强国际交流之外，还应该加强国内不同领域的学者之间的交流，拓宽传播范围，扩大利维斯的影响，吸引更多的学者加入研究队伍。第三，研究范围过于狭窄。国内关于利维斯的研究主要集中在利维斯早期的《少数人的文化与多数人的文明》、《英诗新方向》和《伟大的传统》等几部作品，对《文化与环境》《我的剑不会落》《我们时代的英国文学与大学》等其他作品的研究则寥寥无几。利维斯的文学批评所涉及的领域广泛，涵盖文学作品批评、文学刊物编辑、大学文学教育以及大众文化等多个领域，因此，对利维斯进行全面系统深入的研究，研究对象应该包括利维斯在各个领域和各个时期的批评作品。第四，研究视角有待拓宽。到目前为止，关于利维

① 周芸芳．细察派与新批评之源流及其关系考证[J]．求索，2010(10)：210-212.

斯批评的研究主要局限在道德批评、文化传统、细读批评等维度，研究视角趋同，且有重复研究现象，以跨学科的视野对利维斯的文学批评主张和实践进行整体性和系统性研究的成果目前还较少。从学术创新的角度来看，利维斯研究的批评视角还有待拓宽，国内学界可以从社会学、教育学、美学、伦理学等多重角度来探讨利维斯文学批评，从而深化和拓展利维斯研究。

国内外已有的研究成果无疑对今后的利维斯研究具有重要的参考意义和价值，但是从民族认同维度研究利维斯的文学批评还缺乏专门的研究，因此，有必要对利维斯文学批评的民族认同维度进行系统研究、深入探讨和集中反思。

0.3 研究内容、方法与创新

本研究旨在全面系统地考察利维斯文学批评的形成动因，探讨此动因影响下利维斯的文学批评标准、特点、实践及其与英国民族认同的关联之处，并进一步考察利维斯在个人与集体的民族认同危机中，作为知识分子在公共领域对英国民族性的建构和传播所做出的努力和贡献，挖掘文学批评的历史使命以及文学批评功能的实现途径，以此推动英国文学的跨学科研究，并为我国文学文化繁荣提供有益参照。

0.3.1 研究内容

本研究的内容分为以下四个部分：

第一部分，利维斯文学批评关注民族认同的动因研究：此部分通过研究利维斯所处的历史文化情境，认为利维斯的文学批评研究关注民族认同的动因主要有以下三个方面：英国文化批评传统、战后英国的时代客观需要和利维斯个人的主体自觉选择。利维斯继承了马修·阿诺德的英国的文化批评传统，其中道德主义传统和精英主义传统都是英国文化传统的组成部分。两次世界大战和战后的反殖民浪潮、战后美国文化工业对英国精英主义文化的冲击，以及利维斯个人成长经历与学术兴趣选择也是其文学批评观念形成的原因。

第二部分，利维斯文学批评标准与民族认同的关系研究：此部分通过细致阅读利维斯的文学批评文集，总结提炼出其文学批评的标准。利维斯文学批评的标准体现在以下三个方面：文学性与民族性的统一、文学价值与民族需求的契合以及文学功用与民族认同的互动。此部分将具体从文学中的民族德性、文学中的民族风格、文学价值与民族道德、文学传统与文化秩序、文学功能助益帝国政治和文化领导权扩大文学影响这几个方面对利维斯的文学批评与民族认同的关系展开阐述。

第三部分，民族认同需求影响下的利维斯文学批评实践研究：此部分从总体实践和个案研究两个层面来归纳并阐述利维斯文学批评实践。利维斯的文学批评实践分为三个方面：以文学作品批评（如英国文学传统的建构）生成想象共同体；以文学刊物编辑（如《细察》期刊的发行）传播民族共同体观念；以语言文学教育（如英语学科与其他学科的协作）巩固民族有机共同体。在利维斯批评实践的总体框架下，对其文学批评个案（如弥尔顿作为英国民族性的偏离者、劳伦斯作为民族传统的回望者、艾略特作为现代民族传统的引领者）进行深入考察，对个案中所表征的民族认同理念进行具体分析，以呈现在特定历史文化场域和具体社会现实背景中的知识分子的功能和文学批评的功用。

第四部分，利维斯文学批评中的民族认同导向的反思研究：最后一部分将对利维斯文学批评中的民族认同导向进行反思，探讨文学批评作为知识话语强化认同的正面、负面影响，包括文学想象激发民族凝聚力和文学优越感煽动帝国主义情绪。此外，从文学之美与政治之用的深度融合这一角度探索文学批评对中华民族文化繁荣和民族认同的启示意义。

0.3.2　研究方法与创新

本研究所运用的研究方法为文献细读法、跨学科研究法和比较研究法。其一，运用文献细读法来深入阅读利维斯文学批评的各种论著，立足文献，深耕文献，充分尊重事实，发掘影响，避免观点先行，预设立场。其二，综合运用文化学、社会学、哲学、文学等多学科视域，强调文本与语境、宏观与微观相结合，力图通过利维斯文学批评文本梳理，阐明其批评文本与社会权力结构之间的复杂关系，探讨社会文化情境对文本解读与知识生产的重要意义。其三，重视运用比较研究方法，将利维斯与其他文化理论家、文学批评家进行比较，并将利维斯的文学批评与中国本土语境中的文学批评进行多角度的比较，在比较中发现特点，深化理解。

本研究的创新之处在于以下几个方面：第一，本研究试图对利维斯文学批评的民族认同维度进行全面系统的研究，这项工作学者涉猎较少，因此具有创新意义。第二，本研究综合运用多学科研究方法，从民族认同视角出发，研究利维斯的文学批评；并以利维斯的文学批评为切入口，探索文学批评与民族认同之间的互动机制，因此具有开拓性意义。第三，本研究将对利维斯的文学批评与中国本土语境中的文学批评进行多角度的比较，并为中国的文学与民族认同提供参照和借鉴，此工作也是国内学界尚未深入研究的内容。

0.4 研究范围与关键概念界定

对研究范围的说明和核心概念的界定有助于我们更清晰地探讨本研究所呈现的观点。

0.4.1 研究范围

本研究的研究范围是利维斯自 20 世纪 30 年代起到 20 世纪 70 年代末的文学批评实践，其主要批评形式包括撰写文学批评作品、编辑出版文学批评刊物和开展文学教育实践。本研究属于比较文学学科，研究视域主要限定在民族认同领域和文学批评领域。

0.4.2 文学批评

雷蒙·威廉斯曾在《关键词——文化与社会的词汇》中对“批评”一词(criticism)进行了考察，“批评”一词从语言学意义上来看，其本意包括“挑剔”(fault-finding)和“判断”(judgement)两重含义。“批评”在17世纪才成为英语词汇，它源于16世纪英语中的“批评者”(critic)和“批评的”(critical)两个词汇。它最重要和最根本的意义为“挑剔”，但是也被用来指对文学的评论，用来判断文学作品和写作的行为。威廉斯认为，关于“判断”这重含义，我们在“批评”与“欣赏”(appreciation)这两个词的比较中可以得到更加清楚地理解，“欣赏”是比较正面温和的评判，而“批评”则是比较负面严苛的评判。虽然“批评”本身最主导性的意义倾向于“苛评”，它又包含其他意义，如趣味(taste)、文明(cultivation)、文化(culture)、甄别力(discrimination)。威廉斯也认为，虽然“挑剔”仍然是“批评”一词的主要意涵，“批评”中的“判断”意涵逐渐被提升为一种“对具体情境的反应”(the specificity of the response)，这种反应不是一种抽象的判断，而且无论这种判断是褒是贬，它都是一种跟复杂情境或语境相关的“明确具体的实践”①(a definite practice)。因此，如果将批评置于文学与艺术批评的语境中，那么，文学批评就逐渐成为一种与具体复杂的情境相关的实践行为。而在“批评”一词从“挑剔”和“判断”意涵到“实践”意涵参与进来的演变过程中，马修·阿诺德、T. S. 艾略特以及利维斯等文学批评家们对“实践”这一意涵都做出了自己的贡献。以上是从语义变迁的角度来看“文学批评”一词，而文学理论家勒内·韦勒克(Rene Wellek)和奥斯丁·沃伦(Austin Warren)则从文学研究中的“文学理论”“文学批评”“文学史”三个分支概念的横向比较来厘清它们之间的联系与区别，由此提供了理解“文学批评”这一概念的另一视角。他们认为这三者密不可分：文学理论主要指文学原理、文学

① Williams Raymond. Keywords：A Vocabulary of Culture and Society [M]. New York：Oxford University Press，1985：85-86.

范畴、文学判断准则等抽象问题的研究，它可以包括文学批评的理论和文学史的理论，而文学批评则是对具体的文学作品进行意义阐释和价值判断的研究行为，文学史则是对文学的历史进行梳理和编写的研究。相对于抽象的文学理论来说，文学批评具有具象和实践的特点；相对于动态的文学史来说，文学批评具有静态的特点。文学理论和文学批评之间的关系还在于文学理论植根于具体的文学作品，因为文学理论中的标准、范畴和技巧等都不可能是空中楼阁，反过来，“没有一套问题、一系列概念、一些可资参考的论点和抽象的概括”,① 文学批评也无从进行。因此，文学史与文学批评的关系还在于，在文学史的编纂过程中，任何一个具体文学家或者具体文学作品的选择，都意味着价值判断；任何一个文学家和文学作品在文学史中的篇幅和位置的分配也意味着这个作品在一段文学史中的重要性程度的不同，这也是价值判断。因此，文学批评与文学理论还有文学史之间存在着辩证的、相互作用的关系，我们不能孤立地看待文学批评。只有将文学批评置于三者的联系与区别中，我们才能全面看待这一问题。文学理论、文学批评和文学史是有机联系的整体，因此本论文中对利维斯文学批评实践的研究也会涉及文学理论和文学史方面。在威廉斯对“文学”一词的考察中，有一点值得注意的是，他提到了“英国文学”这一概念。18 世纪下半叶，德国哲学家约翰·哥特弗雷德·赫尔德(Johann Gottfried Herder, 1744—1803)提出“民族/人民”(volk)这一概念，主张各民族“民族精神”的发展，将民族语言、民族艺术和民族文学看作“民族精神”的表现形式，对后来的民族主义概念和现代民族国家的形成产生了重要影响。在德国浪漫主义时期“民族文学”这一概念形成之前，文学就是文学，并没有文学应该归属为那个民族的文学这一观念。威廉斯认为，“英国文学”的出现就是受到德国浪漫主义运动中的“民族精神”和“民族文学”概念的影响。正如威廉斯所说，“一个民族应该有一种文学”，这个观念意味着一个非常重要的社

① 勒内·韦勒克，奥斯丁·沃伦．文学理论[M]．刘象愚等译．南京：凤凰出版传媒集团，2010：33.

会、文化和政治的发展方向。①

对文学、批评以及民族文学等相关概念的梳理，有助于我们在接下来的研究中更清晰地探讨利维斯英国文学批评与民族认同的互动机制。

0.4.3　民族认同

“民族的”和“民族主义”这两个词汇分别从 18 世纪早期和 19 世纪早期起成为通用的英语词汇。雷蒙·威廉斯对这两个词汇的褒贬使用做出了简明扼要的区分，他认为民族情感(national feeling)是褒义的，而民族主义情感(nationalist feeling)是贬义的，因为民族主义情感意味着对其他民族的侵犯；民族利益(national interest)是褒义的，而民族主义(nationalism)则是贬义的，因为民族主义意味着对其他民族利益的侵占。② 从社会思潮和社会现象的角度来看民族主义，民族与民族主义则似乎是从 18 世纪开始一直活跃在世界上的一种社会现象。而且，虽然在全球化的大势之下，民族主义日渐式微的声音总是出现，但是民族和民族国家作为现代政治格局的基本单位，它的实际影响力却并没有减弱，民族、民族主义和民族认同一直具有较大的影响力。

欧内斯特·盖尔纳(Ernest André Gellner，1925—1995)是英国著名的社会人类学家，他在其民族主义研究的经典著作《民族与民族主义》的开篇就谈到，民族主义最主要的特点是，它是一条政治原则，也就是说，民主主义兼具政治性和民族性，而且政治性和民族性这两者应该融合在一起。③简单来说，民族主义是一个与政治合法性相关的理论，它要求族群边界不能跨过政治边界，特别是在一个特定的有特定多民族的国家中，不同民族

① Williams Raymond. Keywords: A Vocabulary of Culture and Society [M]. New York: Oxford University Press, 1985: 185.

② Williams Raymond. Keywords: A Vocabulary of Culture and Society [M]. New York: Oxford University Press, 1985: 213-214.

③ Earnest Geller. Nation and Nationalism[M]. Oxford: Basil Blackwell, 1983: 1.

边界并不意味着权利边界的存在。① 如果说盖尔纳主要是从民族的政治属性来探讨民族和民族主义问题，那么本尼迪克特·安德森(Benedict Anderson，1936—2015)则主要是从民族的文化属性来探讨民族问题，在其作品《想象的共同体——民族主义的起源与散布》中，安德森认为民族是一种想象出来的政治共同体——并且，它是被想象为本质上有限的，同时享有主权的共同体。② 这里面的关键词分别强调了民族的不同侧面，“想象的”所指涉的是民族的主观属性；“有限的”共同体则暗示了它是有边界的，意味着它代表了不同的群体；虽然，安德森主要从文化属性角度来看待民族主义，但他所给的定义中的“主权”所指涉的则是民族的政治属性；“共同体”则意味着民族成员之间共同的利益或者记忆，民族成员之间有一种平等的友爱关系，也就是这种关系将民族成员联结在一起。③ 尤尔根·哈贝马斯(Jürgen Habermas)认为，民族分为文化意义上的民族(volk)和公民组成的民族(nation)。前者其实就是指民族精神的民族，它强调的是一个民族的精神内核，或者说是文化内核，其主要特点是语言共同体；后者指的是由国家公民组成的民族，他强调的是民族国家，也就是一个民族可见的外廓，它的特点是法律共同体和地域共同体。

虽然不同的学者对民族主义给出了不同的定义，但是大家基本上有一个共识，就是有的学者偏向研究民族主义的政治面向，有的学者偏向研究民族主义的文化面向。

① Earnest Geller. Nation and Nationalism[M]. Oxford：Basil Blackwell，1983：1.

② 本尼迪克特·安德森．想象的共同体——民族主义的起源与散布[M]．吴睿人译．上海：上海世纪出版集团，2011：6.

③ 安德森认为，民族主义的出现和一些大的文化体系相关，如宗教共同体的逐渐衰落和各王朝的逐渐解体，正是这两大文化体系的式微为日后民族主义的兴起提供了土壤，同时也是民族主义形成的背景。吴睿人认为安德森对民族的考察，目的不在于解构民族这个概念，而在于帮助人类认识和理解这个概念，毕竟，“共同体的追寻——寻找认同与故乡——是人类境况本然的一部分”。参见本尼迪克特·安德森．想象的共同体——民族主义的起源与散布[M]．吴睿人译．上海：上海世纪出版集团，2011：6。

民族认同是认同的一种，我们先来看认同这个概念。认同(identity)，有时又被翻译为“身份认同”，此词属于心理学领域的词汇。而“民族认同”(national identity)是身份认同的一种，它是心理学领域的概念在政治领域和文化领域的应用，文学批评中的民族认同因素则属于心理学和政治学领域的概念在文学领域的应用。“nation”一词有时译为“民族”，有时译为“国家”，鉴于nation一词更多的是从一战后兴起的一个概念，根据威廉·布鲁姆(William Bloom)在其《个人认同、民族认同和国际关系》中的观点，认同理论涉及了个体与他/她所在社会环境之间的深层心理关系，它关乎人类情感和人类忠诚。那么个人为什么会联结在一起形成一个强大的民族力量，并忠诚于这一特定民族？个人或者群体对一个民族产生的情感和忠诚是基于什么心理机制？这种心理机制的结构和互动方式是什么？布鲁姆认为认同理论可以用来解释这一现象。他认为一个民族群体就如同一个个人一样，会表现出与个人相同的心理态度和特征。① 民族性(national character)是指在一个特定民族内，一代又一代所传承下来的特定的文化观念和政治准则。

关于文学与民族认同的关系，不少学者认为，民族的形成、民族精神的构建、民族认同的提升都与文学密切相关，王逢振曾对民族和文学的关系做出如下梳理，他认为，民族主义和文学之间存在着相互作用和相互影响的关系，“一方面，民族主义的政治性引导文学的方向，民族主义通过‘民间人物’和‘民族语言’的浪漫主义概念，把文学导向独特的民族文学，而另一方面，文学又参与民族性的建构，通过创造‘民族的印刷媒介’——报纸和小说，构建民族国家的文化。随着19世纪人们对民族性的崇拜，文学变成了把民族限定为‘想象的社群’的关键因素”。② 哈贝马斯也认为，

① William Bloom. Personal Identity, National Identity and International Relations[M]. New York: Cambridge University Press, 1990: 4.

② 王逢振. 西方文论关键词：民族—国家[J]. 外国文学, 2010(1): 112-118.

借助民族观念，可以建立起集体认同。① 可见，民族认同与民族文学之间的关系一直很密切。但是，文学批评与民族认同的关系却相对被忽略，原因之一是文学批评在 20 世纪之前，并没有形成一个独立的、成体系的学科，它还仅仅只是附庸于文学，散见于文学家们的著述中；原因之二是在 20 世纪之前，民族这个概念还不是很清晰。而事实上，从 19 世纪末 20 世纪初开始，文学批评对民族认同的影响力就很大，反过来，民族认同也作用于文学批评本身。文学批评家们的文学批评实践影响了一个民族的文学经典的生成甚至是排序。此外，文学批评中的褒扬或贬抑会影响民众对于本民族或其他民族的文学以及文化的好恶，从而影响民族自豪感和荣誉感，进而影响民族认同信念。而文学批评家的民族认同信念反过来又会影响他们在文学批评实践中对文学的具体批评。本论题中的“文学批评中民族认同视域”，指的是从“民族认同”视角、领域来审视、评价、衡量文学，并进行文学批评。在批评实践中，“民族认同视域”往往又具体体现在批评的标准、批评实践的价值追求和行为方式中。在利维斯的文学批评及其相关实践活动中，“民族认同视域”可能不是唯一的视域，但却是非常重要、主要的批评视域。

① 尤尔根·哈贝马斯．后民族结构[M]．曹卫东译．上海：上海人民出版社，2002：76.

第1章　利维斯文学批评活动中民族认同视域产生的缘由

安东尼·史密斯认为，“民族主义意识形态需要经受民族的文化浸染”,① 民族语言、民族文学和民族艺术帮助重新发现和重新复活民族传统，建构民族文化。民族文学是民族主义意识形态储存库的重要内容，同时，民族认同作为民族主义意识形态建构的组成部分，在提升民族意识、激发民族情感、增强民族归属感方面都起着至关重要的作用，“人文知识分子……在民族主义运动及复兴中扮演着代言人角色”,② 因此，作为心系民族的人文知识分子，以利维斯为代表的一批英国文学批评家们在民族意识形态构建过程中，关注民族认同的作用，并做出了重要贡献。

1.1　英国文化批评传统中的民族意识

利维斯对民族认同的关注，也源于其所受到的英国

---

① 安东尼·史密斯．民族主义：理论、意识形态、历史[M]．叶江译．上海：上海世纪出版集团，2011：7.

② 安东尼·史密斯．民族主义：理论、意识形态、历史[M]．叶江译．上海：上海世纪出版集团，2011：7.

文化批评传统的影响。谈到利维斯的文学批评，我们不可能绕过英国的文化批评传统，因为利维斯的文化批评与文学批评紧密交织在一起，无法分割。利维斯的文化批评是借助其文学批评的利剑来实现的，他的文学批评又是以文化批评甚至是人生批评为旨归的。

王晓路在对“文化批评”的解读中谈到，“文化批评(cultural criticism)是以文化学角度观察、分析和阐释文学文本的批评方式，以此拓展固有的文学批评(literary criticism)模式……是传统文学研究的自我延伸和生成方式……在理论和方法论的层面，其特征是跨学科”。① 正如王晓路所说，文化批评的跨学科性是其重要特征，因此，文化批评中跨学科的思维方式对英国的文学家和文学批评家都产生了不可忽略的影响，利维斯的文学批评中的跨学科思维，也毫无疑问受到了文化批评跨学科性特征的影响。

文化批评家雷蒙·威廉斯，在他的《关键词》一书中，曾对“文化”(culture)这一词的语义演变过程进行过探究，他认为这是英语中最复杂的词汇之一，其实，“文化”一词在其他语言中也同样复杂。根据威廉斯的考证，“‘文化’最早是被用来指一个过程：通常是照顾某样事物的过程，如谷物和动物”。② 这也是为什么在英语中“cultivation(耕种、耕作、培养、施肥)”这一词是以“cul”开头的原因，将其与汉语进行对比，中国人并不会把“文化”一词很快地与“耕作”联系起来。因此，这里有一个关键点我们不能忽视，那就是文化的“过程性”。“文化”与“过程(process)”相关，在英语中，从它的原始意义开始，它就伴随着这样的象征意义：“文化”不具有快速性、部分性、高效性、激进性等特质，相反，它具有慢速性、整体性、持续性、温和性等特质。

从16世纪开始，“文化”一词的意涵一直与农牧业自然生长的作物和牲畜相关，直到18世纪晚期和19世纪早期，“文化”一词除了跟农牧业相

① 金莉，李铁．西方文论关键词(第二卷)[M]．北京：外语教学与研究出版社，2017：631.

② Williams Raymond. Keywords：A Vocabulary of Culture and Society [M]. New York：Oxford University Press，1985：87.

关外，慢慢地从自然领域延伸到人类领域，与人类的发展过程相关。而在人类领域，威廉斯将“文化”一词的用法分为三种：“第一种：它是独立且抽象的名词，它代表了一种智性上的、精神上的、美学上的总体的发展历程，这种用法始于 18 世纪；第二种：它是独立的名词，不管是用于总体的还是个别的，都指一种特定的生活方式，一群人、一个团体或者总体的人类，这种用法始于赫尔德(Herder)和克莱姆(Klemm)；第三种：它是独立且抽象的名词，代表了智性的作品和活动，特别是美学方面的实践活动，这似乎也是‘文化’现在最普遍流行的用法：文化是音乐、文学、绘画、雕塑、戏剧和电影。”①从威廉斯对“文化”一词的三种用法的表述来看，他强调了文化的“精神性”。“文化”在人类领域更多地是指涉智性层面，虽然第二种用法稍稍与具体的生活方式相关，总的来说还是更倾向于抽象的精神层面。从这个角度来看，文化代表了精神，与物质世界相去甚远，甚至是对立的。利维斯在其作品中也将“文化(culture)”与“文明(civilization)”两个词汇作为对立的两个术语来使用。从利维斯 1932 年出版的作品《多数人的文明与少数人的文化》的书名就可以看出这两个词汇的对立性。对于利维斯来说，“文化”是精神层面的，更加具有抽象和象征意义，“文化”是与“高雅”相关的词汇；而“文明”则是物质层面的，更多的是具象和工具意义，“文明”是与“庸俗”相关的词汇。

英国的文化批评传统从托马斯·卡莱尔开始②，马修·阿诺德则承前启后，将“文化”这一概念发扬光大，我们可以说，利维斯承继了马修·阿诺德的“文化即为一种宗教”的文化批评内核，但从其具体文学批评的实践来看，利维斯并不是完全与马修·阿诺德一致，在某些方面，甚至与阿诺德完全相反，当然，这只是具体的实践层面，在文化批评传统这一点上，毋庸置疑，利维斯与马修·阿诺德一脉相承。

---

① Williams Raymond. Keywords：A Vocabulary of Culture and Society [M]. New York：Oxford University Press，1985：90.

② 殷企平认为“卡莱尔是从文化角度冲击机械主义的第一人”，见殷企平．文化辩护书——19 世纪英国文化批评[M]. 上海：上海外语教育出版社，2013：32。

对阿诺德来说，“外国的、古代的”就是好的。学者程巍在谈到阿诺德钟情于希腊文和拉丁文等古老文字时，说道：“文化被置于其他阶层够不着的高处，成了一笔巨大的象征资本，其价值来自于它的古老性和外国性。”①程巍在其作品《中产阶级的孩子们：60年代与文化领导权》中对阿诺德的社会三阶层进行过详细分析，认为对于阿诺德来说，没落的贵族失去了经济和政治领域的领导权，只能守住文化领域这最后的阵地，因为只有贵族阶层才更能接触由希腊文和拉丁文等文字所承载的文学和文化，另外两个阶层，中产阶级和劳工阶级只能远观，这是贵族才拥有的优势。因此，阿诺德所进行的文化批评的目的是为了帮助英国国内没落的贵族阶层争夺文化领域的领导权。

对利维斯来说，“外国的、古代的”是不好的。那么，什么才是好的？英国的，当下英国的，才是好的。也就是说，与现代英国国家相关的文学和文化才具有价值。我们可以说，在利维斯眼中，文学和文化的价值来自于它的现代性和英国性。文学和文化的精华和高雅之处在于它不是大洋彼岸美国的文学和文化，不是欧洲大陆德国的文学和文化，不是遥远古希腊的文学和文化，也不是黑暗中世纪的文学和文化。因此，利维斯所进行的文化批评，实质上，是为了在英国国家受到其他国家民族的威胁或者攻击时，帮助英国国家进行民族认同的建构、巩固和传播。

虽然阿诺德和利维斯二者对于“外国的、古代的”语言、文学、文化的具体观点截然不同，但是从宏观的层面来看，二者都将文学批评置于更大的语境中，文学批评的目的不在于文学批评本身，而在于更宏大的关怀。文学批评有更重要的社会使命，这一点上，阿诺德和利维斯二者的观点相通。利维斯看待文化问题的这一角度，与阿诺德发扬光大的英国文化批评传统息息相关。正是这一从卡莱尔开始的文化批评传统，影响了利维斯的文学批评，使之并不拘囿于文学批评本身，而是指向文学之外，指向更大

① 程巍．中产阶级的孩子们：60年代与文化领导权[M]．北京：三联书店，2006：196.

的文化领域和社会范畴。

英国的文化批评，最初是对 17 世纪以来英国的工业社会、机械主义带来的负面影响的回应。工业革命在带给人们物质财富飞速增长①的同时，却使社会在精神领域逐渐解体。从 19 世纪开始，特别是从维多利亚时代以降，越来越多的英国文学家、批评家敏锐地感受到这一点，他们加入文化批评的行列，表达对机械文明的忧虑。英国文化批评的内容涉及很多方面，其中有两个关键词与利维斯的文学批评紧密相关，它们分别是：道德主义传统和精英主义传统。

1.1.1　道德主义传统

我们阅读利维斯的作品时，经常看到与"道德(moral)"和"伦理(ethical)"相关的表达，如：道德严肃性(moral seriousness)、道德意味(moral significance)、道德关怀(moral interest)、伦理敏感性(ethical sensibility)等，难怪人们戏谑他为"道德批评家"。但是在英国批评史中，利维斯对道德的关注并不是他所开创的。英国文化批评传统中，"道德"一直是文化批评家们关注的对象，并且这些文化批评家们将这一特质赋予给英国民族，使之成为英国民族的特性之一。特雷·伊格尔顿在其作品《文学原理导论》中对英国文学研究中的"道德"做了如下阐述：

"从最早的'英语'的开拓者和先锋们开始，如 F. D. 莫里斯、查尔斯·金斯利，他们就强调不同社会阶层之间的弥合、'更大的同情心'的培养、民族骄傲感的灌输、'道德'价值的传播。而最后的这个关切——它是英格兰文学研究的标志性特征，也是其他文化(other cultures)的知识分子们经常感到困惑不解(bemusement)的地方——是意识形态工程的一个重要部

① "仅仅 17 世纪的最后十多年的时间，英国的财富就增加了百分之二十。在描述 17 世纪英国反对法国路易十四的战争时，阿萨勃里克斯写道"这场战争使公共开支增加一倍至两倍，并使国债从 1100 万英镑增加到 4000 万英镑。不过同一时期英国的财富也在迅速增长，据信，1701 年比 1688 年增长了百分之二十。"见阿萨·勃里克斯．英国社会史[M]．陈叔平等译．北京：中国人民大学出版社，1991：192。

分。事实上，‘英语’地位的上升(rise)多多少少与‘道德’这个词的历史意义转变相关，而在这个转变过程中，马修·阿诺德、亨利·詹姆斯和利维斯是最主要的批评者。从此，道德不再是一套像规则符码或者是一套明晰的伦理体系：它更像是一种关于整体生活特性的敏感的关注，一种隐晦不明的对人类经验的细微感受……文学成为了道德意识形态的侍女：如同利维斯作品所体现的一样，文学是现代社会的道德意识形态。”①

这里，伊格尔顿想表达的是：文学是一种意识形态，而“道德”则是这种意识形态得以体现和发挥作用的载体，道德的意义经历了一个特别的历史性转变。以上的引文中，除了有伊格尔顿对“道德”一词意义转变所表达的观点之外，我们还可以注意到以下两点：第一，对“道德价值”的关切是英国特有的标志。虽然我们不能说，其他国家或文化没有对“道德”进行关注，但是英国对道德的关注程度非常高，显然已经超出了普通范围，以至于，伊格尔顿认为其他文化中的知识分子们常常为此感到茫然不解。第二，英语地位的上升与道德价值的传播密切相关。“道德”这一美好的词汇，毫无疑问，代表了人类优秀的品质，将“道德”与“英语”联系在一起，对提升英国民族骄傲感和英国民族认同感无疑是非常有效的良方，于是“道德”“英语”“英国民族认同”便紧密联系在一起，这种道德主义传统并不始于利维斯，这是英国文化批评传统的一部分。

如果要更好地了解英国文化批评中的道德主义传统，我们还得考察英国的文化批评所试图解决的问题。雷蒙·威廉斯在《文化与社会》中，从19世纪的艾德蒙·伯克(Edmund Burke，1729—1797)和威廉·科贝特(William Cobbett，1762—1835)谈起，认为这两者的论著“奠定了批评新民主和新工业主义的强大传统”。② 虽然用了“新”这个词，那是因为对于伯克和科贝特来说，甚至对于整个人类来说，民主制度和工业革命相对于君

① Terry Eagleton. Literary Theory：An Introduction [M]. Oxford：Blackwell Publishing，1996：24.

② 雷蒙·威廉斯. 文化与社会：1780—1950[M]. 高晓玲译. 长春：吉林出版集团有限责任公司，2011：12.

主制和农业社会，都是新的。实质上，“新民主”和“新工业革命”就是我们理解的一般意义上的民主和工业革命。1789 年 7 月 14 日，法国巴黎发生攻占巴士底狱事件，法国大革命正式开始，君主路易十六随后被砍头，社会阶层结构和既有秩序发生颠覆性改变，伯克和科贝特担忧，法国大革命倡导的民主自由和以英国为代表的工业革命，可能会给英国也带来混乱。因此，我们可以说，这两者在他们的论著中，所要解决的问题是：民主和工业给英国社会带来的无序。雷蒙·威廉斯曾引用伯克关于国家的一段话，并提到“伯克以后不久，他所描述的这个综合体便被称为‘国家精神’(spirit of the nation)，到了 19 世纪末，改称为‘国家文化’(a national culture)”。① 从这段表述中，我们可以看出，在 18 世纪，伯克还并未使用“文化”这一词。但是根据威廉斯的分析，实际上，伯克和科贝特是文化批评的背景人物，因为他们贡献了文化批评中的一些重要概念，如：谨慎(prudence)、有机社会(organic society)、反自然(unnatural)等。因此，本质上来说，他们为文化批评提供了思想种子，他们是在使用后来的“文化批评”方法来应对民主自由和工业制度带来的混乱问题。

对英国社会无序和混乱的担忧，也正是文化批评家马修·阿诺德的心系所在。他在文化批评论著中对“道德”的关注，与文化批评背景人物伯克的“谨慎”不无关联。“谨慎”和“道德”都代表着一种内敛的精神，意味着对工业制度中的“自由、进步、效率”等精神的反拨。马修·阿诺德的著作《文化与无政府主义》其实就是将两个对立的概念放在一起，文化代表有序的整体，文化是人类所思所想之精华，文化是美好与光明；无政府主义代表混乱的散架，是无序的社会构架。而“道德”这一词汇在此书中出现的频率很高，它竟然成为了英国文化中占有特殊一席之位的因素。我们可以说，这本书不仅使“文化”这个概念在抨击机械主义和无政府主义的过程中得到了更广泛的传播，也使“道德”这个词汇在英国文化中更加发扬光大。

① 雷蒙·威廉斯．文化与社会：1780—1950[M]．高晓玲译．长春：吉林出版集团有限责任公司，2011：20.

在《文化与无政府主义》中，阿诺德从很多角度分析了希伯来精神和希腊精神，其中一个角度就是道德主义角度。虽然阿诺德在分析这两种精神时，尽量将二者置于同等重要的位置，他会不时地谈到，希腊精神代表了“行动”和“自由”，希伯来精神代表了“思考”和“道德”，二者在人类的发展历程中都同等重要，不可或缺。阿诺德尽量展现自己对这两种精神不偏不倚的态度，但是，与此同时，我们还是能轻易地分辨出他对道德的偏爱。我们不能否认，这是批评家们的矛盾所在，在尽量保证公平客观的同时，他们的立场有时并不中立。“在这两种精神准绳中，一个注重智性，另一个注重服从；一个关注自己的职责，另一个致力于执行；一个在意自己光明和黑暗的取舍，另一个在乎自己勤奋地行走。”①而二者孰优孰劣呢？阿诺德接下来说，“很自然地，第一种精神准绳更加具有优越性，因为它信奉的是人类的道德力量，并且这种精神赋予它这种特质不可或缺的基础。因此，‘被信任的上帝神谕的使者’，这个描述犹太人的说法是确切恰当的，因为他们承载了‘良心’‘自制’等词语”。在阿诺德看来，“希伯来精神中的这种智慧与‘古老异教世界(old Pagan world)’的希腊精神比起来，实在是优越太多，希腊精神简直是愚昧(foolishness)”。② 对于阿诺德来说，希伯来精神之所以强于希腊精神，在于它指向的“职责”“道德”“良心”等境界，而与这个境界相比，希腊精神的“服从”“执行”“行走”等都变成了愚昧的象征，是与异教相关的精神。在阿诺德以及后来利维斯的批评作品中，这种强烈的贬低性的词语不时地冒出来，英国文化批评家们对于“道德”的偏爱不言自明，毫无疑问，这已经成为他们的批评标准之一了。

当阿诺德谈到这两种精神所承载的道德特质时，有一段很值得解读也很有趣的文字：“如今，科学已经很清楚地表明了不同种族之间与生俱来的差异性，而且不同的种族在创造天才和历史的时刻展现了非常大的区

① 马修·阿诺德．文化与无政府状态[M]．北京：中国人民大学出版社，2012：132-133.

② 马修·阿诺德．文化与无政府状态[M]．北京：中国人民大学出版社，2012：133.

别，印欧民族和闪米特民族就是如此。希腊精神是印欧民族与生俱来的一部分，而希伯来精神是闪米特人与生俱来的一部分，我们英国民族，本来属于印欧体系，却似乎又属于希伯来精神。没有什么比这更能体现我们所能感知的人类的类同性(affinity)了，也就是不同人群之间的相似性；而且没有哪种相似性比道德心的相似性更加强烈和明显了。虽然我们的种族不同，但是道德心却将英语民族的天才和历史、大西洋彼岸我们的后裔美国人的天才和历史、希伯来人的天才和历史紧密联系在一起…… 虽然我们民族明显是印欧体系，但是在实际生活和道德操行领域，我们与希伯来人一样，自信、执着和专注。”①从这段引文中，我们可以注意到，的确，如伊格尔顿所言，英国文学批评家们对道德的关注和偏爱超过了普通范围。阿诺德先生认为道德属于希伯来精神的范畴，自由属于希腊精神的范畴，并花了很大的篇幅阐述这一点。但是，当阿诺德需要将“道德”精神与英国文化和英国民族联系起来时，种族的差异便可忽略不计了。在印欧体系中，英国人(包括说英语的美国人)硬是被阿诺德用强大的人类不同种族的“类同性”联系在一起，英国人明明属于印欧体系，本应该具有的是“自由”特质，归入希腊精神，但是英国人可以破例，当“道德”与“自由”二者只能选其一时，英国人是什么种族也不再重要。道德属于希伯来精神，也属于英语民族，如果问阿诺德原因，根据阿诺德的阐述，这是闪米特民族和印欧民族英国人之间的特别的类同性，至于闪米特人为什么和法国人、德国人之间没有这种类同性，阿诺德大概会用其经常自嘲的语言说，自己不擅长于哲理推论②，也表示惊讶于这种类同性。

---

① 马修·阿诺德．文化与无政府状态[M]．北京：中国人民大学出版社，2012：136-137.

② 阿诺德在其著作中经常提到自己没有哲学体系，但是他并不认为这是缺点。在这一点上，利维斯与阿诺德一致，他们认为，经验主义思维更能让他们清晰地感受和看待问题。“没有人会期望一个没有哲学思维的人拥有哲学完整性。因此，当我在考察贵族、中产阶级、工人阶级的区别时，有所疏漏，但是我并不感到羞愧……，清晰是一个普通的、没有系统和哲学思维的作家所拥有的优点。”见马修·阿诺德．文化与无政府状态[M]．北京：中国人民大学出版社，2012：95。

在《诗歌和道德：马修·阿诺德、T. S. 艾略特和利维斯的批评著作研究》中，文森特·巴克利(Vincent Buckley)考察了马修·阿诺德、T. S. 艾略特和利维斯三者的批评作品，他认为，这三位享有盛名的批评家们在进行文学批评的过程中，总是将伟大的诗歌作品和道德联系在一起，他们的批评中“有一个隐藏的却又占主导地位的观念…… 我们可以称之为‘道德’”，“虽然他们并没有刻意地这样做，但实际上，在他们的批评作品中很自然很明显地流露出这一点”。“我们越是阅读他们的作品，越是能感受到这三位热切的‘现代批评家们’深深地植根于一种传统，并且将这种他们牵涉其中的传统很明显地带到他们的批评实践中。”①我们有理由相信，这种传统也就是英国文化批评中的“道德主义传统”。如巴克利所言，他们的批评中并没有将“道德”与“伟大的文学作品”的关系进行过哲学推论般的论证，也没有给“道德”下过一个明晰的定义，他们不用欧陆的分析哲学来看待问题，但是只要是读过他们的作品，尽管这是一条隐秘的原则，读者们也可以轻易地看出这一“道德主义传统”。

“道德主义传统”是英国文化批评的重要组成部分，这与另一传统“精英主义”也密切相关。在英国文化批评家们看来，似乎只有精英阶层才更可能贴近“道德”这一人类优秀品质，而其他大多数人则无缘与道德亲密接触，“大众”与“道德”之间处于疏离状态。

1.1.2 精英主义传统

英国的文化批评从18世纪的伯克开始，到19世纪的阿诺德将其发扬光大，再到20世纪的利维斯续其辉煌，“精英主义”一直是英国文化批评的主线之一。文化是“一个民族文明传承的精华和精神生活的最优秀部分”②，它造成了有教养阶层和无缘于文化阶层的社会分化，这也是从马

① Vincent Buckley. Poetry and Morality: Studies on the Criticism of Matthew Arnold, T. S. Eliot and F. R. Leavis[M]. London: Chatto & Windus Ltd, 1961: 18.

② 陆扬，王毅. 文化研究导论[M]. 上海：复旦大学出版社，2011：64.

修·阿诺德到 F. R. 利维斯的“英国精英主义文化传统的范式”。① 如上一节所分析，英国文化批评最初所要解决的问题是：民主制度和工业主义给人类既有社会结构带来的解体和无序。对文化批评家们来说，既然民主制度是一个问题，那么权威制度才是好的。既然与民主相关的“大众(mass)”是庸俗的、不可靠的人群，那么与权威相关的“精英(elite)”才是优雅的、稳妥的人群，只有靠这一群人才能解决现实问题。无论是在解决自由民主制度和工业机械主义带来的问题的过程中，还是在提升英语民族认同和民族文化自信的过程中，批评家们都将“精英”这个人群当作可以依靠的对象，而非“大众”，这是从伯克到卡莱尔、再到阿诺德一直秉承的传统。

根据雷蒙·威廉斯的考察，“精英(elite)”一词源于“选举(elect)”一词，选举也就意味着只关乎“少数人”。在精英这个群体被认为应该作为统治者之前，欧洲社会的统治者和被统治者是用“阶层(rank 或 class)”来区分的。后来人们渐渐地认为，有效的社会应该由一群精英人士来领导而不是上层阶层。而这个“精英”其实还有很多其他类似的表达，如：柯勒律治的“知识分子(clerisy)”、穆勒的“最明智的人(the wisest)”、阿诺德的“最优秀的人(the best)”。② 与“精英”相对立的“大众”一词很有趣，“它具有两面性，在相对保守主义的思想中，它是一个代表了轻蔑意味的表达；在相对社会主义的思想中，它是一个积极正面的词汇”。③ 对于“多数人(majority)”表达轻蔑态度，这种现象由来已久，这样的词汇也很多，显然，“大众(mass)”就是其中一个。从利维斯的《多数人的文明与少数人的文化》这本书的书名，我们就可以看出利维斯的精英主义思想根深蒂固，“多数人”只配拥有机械的文明，“少数人”才拥有有机的文化，这源于英国文化批评中的精英主义传统。

---

① 陆扬，王毅．文化研究导论[M]．上海：复旦大学出版社，2011：64.

② Williams Raymond. Keywords：A Vocabulary of Culture and Society [M]. New York：Oxford University Press，1985：114.

③ Williams Raymond. Keywords：A Vocabulary of Culture and Society [M]. New York：Oxford University Press，1985：192.

托马斯·卡莱尔(Thomas Carlyle, 1795—1881)是一个在很多领域都颇有建树的英国思想家，他是哲学家、文学家、历史学家，同时他还是数学家，在英国文化批评领域，他也是颇具影响力的重要人物。他首创了“工业主义”这一词汇，他的“金钱联结”社会观影响了很多其他的文化批评人物，他的文化批评著作《时代的征兆》(*Signs of the Times*)、《论英雄、英雄崇拜和历史上的英雄》(*On Heros, Heroship and Heroic in History*)、《过去与现在》(*Past and Present*)等作品都对后来思想界产生了重要影响。在《论英雄、英雄崇拜和历史上的英雄》中，卡莱尔认为，历史的发展是靠“英雄”推动的，这种英雄观也与他后来支持德国俾斯麦的统治相关。

对于英国文化批评家们来说，英国的物质财富迅猛增长，精神生活却一落千丈，而谁才能拯救正在衰落的日不落帝国呢？对于卡莱尔来说，只有“英雄”能做到。他的《论英雄、英雄崇拜和历史上的英雄》将人类不同领域的英雄进行了分类，一共有六类：第一类是作为神的英雄，如奥丁；第二类是作为先知的英雄，如伊斯兰教的穆罕穆德；第三类是作为诗人的英雄，如但丁和莎士比亚；第四类是作为传道者的英雄，如马丁·路德；第五类是作为文人的英雄，如约翰逊、卢梭和彭斯；第六类是作为国王的英雄，如克伦威尔和拿破仑。而关于“英雄崇拜”，卡莱尔在他的《过去与现在》一书中，做过如下阐述：“对于编者来说①，正如他在其他地方也谈到的，‘英雄崇拜’，这个词语的意涵非常丰富，它远不仅仅意味着由最明智的人所管理的民选议会或者贵族国家；在编者的眼中，它是最具统摄性的、最佳的精华，它是所有崇拜中最完美的崇拜，最真实的崇拜，最高贵的崇拜。可是他认为，整体上看来，我们这个时代的英雄崇拜比世界上任何一个民族在以前做的都差：彭斯仅仅是被当作一个收税官，拜伦仅仅被当作一个文学作者，这些现象本质上来说都很卑劣，是错误的，我们崇拜他们时，应该正确地崇拜他们，像崇拜神奥丁和崇拜先知穆罕默德一样。

---

① 在卡莱尔的作品中，除了他颇具特色的激情满怀的写作风格之外，他还有一个行文特点，就是将自己说成编者，而且用“他”来代指编者，因此，卡莱尔经常提到的编者和接下来文字中的“他”，就是指卡莱尔本人。

这是编者明确的观点，我们必须正确地进行英雄崇拜，这意味着将我们民族的心灵从窒息中拯救出来。”①因此，对于英格兰民族面临的种种危机，唯有民族中的英雄人物能够化解。从以上卡莱尔对于英雄崇拜的描述来看，他用了“最具统摄性”“最佳”“最完美”“最真实”“最高贵”等词汇来形容，可见其对英雄主义的执着和热爱。如果一个真正优秀的人没有被当作英雄来崇拜，则是卑劣的和错误的。在一个民族中，英雄崇拜是必需的，而且正确的英雄崇拜是高贵的。而与此相辅相成的，则是卡莱尔对于“大众”的轻蔑，多数人的意见和观点是不可靠的，会将一个民族国家引入歧途。如雷蒙·威廉斯所言，卡莱尔将“群众看作群峰一样具有压倒性的魔鬼子民，都是木头脑袋，易上当受骗，被人收买，酗酒乱言，这种看法对英国思想的影响持续至今”。②

被卡莱尔影响的思想家很多，阿诺德无疑是其中一个，在陆扬和王毅编写的《文化研究导论》一书中，编者专辟一节描写阿诺德的精英文化传统。阿诺德将精英主义传播开来，并将这一传统中的观念传递下去，给后世批评家们的思维方式带来了深远影响。

阿诺德的《文化与无政府主义》出版于 1869 年，这时，历史已经到了 19 世纪中下叶，而 18 世纪的伯克和卡莱尔所担忧的民主制度和工业主义的发展并没有放缓的迹象，人们的功利主义倾向和金钱主义崇拜也没有降温的趋势。1832 年，英国议会通过《改良法案》(*Reform Act*)，英国新兴的资产阶级在议会中获得更多议席，选举人的资格也被放宽，这意味着更多的人获得选举权，更多的群众有机会参与到政治决策中来。虽然英国的文化批评家们处处提防，发表著作和言论想要抵抗这对他们来说是洪水猛兽的民主制度与工业制度，但是 1789 年法国大革命《人权宣言》中所倡导的“自由、平等、博爱”理念还是不可避免地冲击到英国，1830 年法国七月革

---

① Thomas Carlyle. Past and Present [EB/OL]. (2004-09-17, EBook # 13534). www. gutenberg. net.

② 雷蒙·威廉斯. 文化与社会：1780—1950[M]. 高晓玲译. 长春：吉林出版集团有限责任公司，2011：93.

命之后，欧洲发生了一系列革命事件，民主制度在欧洲快速蔓延，工厂中的机器也仍然在日夜不停地运转，工人的工作时间也越来越多。不过，以阿诺德为代表的文化批评家们也不会轻易放下手中的剑，来对抗这代表了“多数人”的政治制度和经济制度。

如韩敏中所说，阿诺德对于英格兰未来的思虑“都已纳入对英国在现代世界上的地位的考虑”。① 他曾在给家人的信件中提到他对英国民族地位的担忧：“然而愿上苍也别让英国停留在现在的状态。假如它停滞不前，就会在自己那一线上被美国打败，而在欧洲那一线上被大陆的国家打败。”②英国民族地位的稳固是阿诺德所一直思虑的对象，对民族地位的忧思也是英国文化批评家们的批评出发点之一。毫无疑问，利维斯在这一点上传承了英国文化批评的传统。在信件中，阿诺德所说的有益的事情，便是建立国家权威，用文化来凝聚民众，使英国社会拥有健全理智，强于他国之林。那么，谁来带领英国人强于其他民族呢？阿诺德的答案是：拥有文化的“最优秀的人”。

在维多利亚时代，英国社会结构的基本构架分为三个阶层：贵族阶层、资产阶级阶层、劳工阶层。阿诺德分别用野蛮人(barbarian)、非利士人(philistine)、群氓(populace)三个带有强烈贬义色彩的词来代指这三个社会阶层，显然这三个阶层都不能担负起正确领导和有效管理社会的重任。“野蛮人严肃起来会想要荣誉和尊重，轻松起来会想要田野运动和娱乐。非利士人严肃起来会想要经商和赚钱，轻松的时候会喜欢舒适和参加茶话会。还有一类非利士人，严肃起来喜欢参加交易盟会，轻松的时候请人代理实务或者去听奥德格先生的演讲。群氓严肃起来喜欢吵吵闹闹，摔

① 马修·阿诺德．文化与无政府主义[M]．韩敏中译．北京：生活·读书·新知三联书店，2012：14.

② 韩敏中：马修·阿诺德．文化与无政府主义[M]．韩敏中译．北京：生活·读书·新知三联书店，2012：14.

摔打打，轻松起来喜欢啤酒。”①总之，对阿诺德来说，每一个阶层都有很多低劣不堪的缺点，都是不值得信任和依赖的，他们都不是治理国家民族的阶层。但是每一个阶层中都有一些异己分子，他们追求理智和上帝的意志，而这个上帝的意志就是：对完美的追求。阿诺德将文化和宗教进行过比较，认为两者最大的相同之处就是对完美的追求。“如果我们仔细观察一下外面的世界，会发现我们缺少了一个绝对的权威，这非常令人不安。我们发现只有健全理智（right reason）才是绝对权威的源泉，而文化带领我们走向健全理智。如果我们仔细看看内心世界，会发现我们的混乱都来自不明智的习惯和片面的成长，我们太崇拜火焰、力量、热情和行动。我们需要的是人性的完满发展、超越陈规的自由思想、意识的自发性，我们需要美好与光明，而这些正是由文化所培育。”②在这里我们可以看到文化的丰富意涵：文化代表了美好与光明，培育了完满人性，引导人们走向健全理智，也就是那个绝对可靠的权威。因此，阿诺德所说的能够担起治理国家重任的对象，是“文化”。但是，令人困惑的是，文化并不是一个人，也并不是一个群体，如何治理国家呢？我们不能质疑阿诺德先生，因为阿诺德先生本人经常声明的就是，他的理论是不能用“科学性”和“体系性”来要求和衡量的。但是如果我们再仔细读一读阿诺德的作品，文化从哪里产生呢？就是通过“阅读、观察、思考，使我们能够更靠近那个确切的智性，更完满的自我”。③ 显然，在阿诺德的这个表述中，虽然文化不是人类，但是只有人类才能阅读、观察和思考，也只有少数人，也就是阿诺德先生说的“最优秀的人（the best）”“剩余的人（the remnant）”才能担起社会责任和民族重任。这类拥有文化的人其实与柯勒律治的“知识阶层”属于同一类

① 马修·阿诺德．文化与无政府状态［M］．北京：中国人民大学出版社，2012：104.

② 马修·阿诺德．文化与无政府状态［M］．北京：中国人民大学出版社，2012：157.

③ 马修·阿诺德．文化与无政府状态［M］．北京：中国人民大学出版社，2012：158.

人："这个阶层是为学问培养的，并将学问的成果传播于社会之中……确立这一根本原则将会让政治学持久受益，而这一益处得之于那些守成主义哲学家们。"①毫无疑问，能够培养学问的，不是在田间辛苦劳作的大多数人，只可能是那些少数的属于"精英"阶层的人群。

利维斯在进行文学批评的过程中，潜移默化地受到了以阿诺德文化观为代表的英国文化批评传统的影响，在忧虑英国民族认同、建构英国民族文化、提升英国民族文化自信的同时，他将英国文化批评中的民族道德和精英主义传统中的理念融入了自己的文学批评。

1.2 战后英国社会文化的民族认同需求

战争带来生灵涂炭、心灵凋敝。两次世界大战给人类带来方方面面的影响，无论如何形容它的破坏性和摧毁性都不为过。凯杜里曾说，民族主义在特殊的时间显得尤其重要，如"在进行民族建构、对外征服、遭遇外部威胁、发生领土争议或内部受到敌对族群或文化群体的主宰等危机时"。② 两次世界大战在物质和精神上都给人类带了不可磨灭的惨重损失，而与此同时，也带来了意想不到的结果：民族意识的强化、民族主义的兴起、现代民族国家的建立。战后美国新兴的文化工业迅猛发展，对英国传统精英文化造成了强烈的冲击，这也挫败了英国民族的自信和自豪感。

正如程巍所说："政治上的民族主义必然要求文学上的民族文学，把它作为民族共同体的塑造者和黏合剂。"③民族文学是政治意识形态领域在文化领域的延伸和反映。关于民族文学，特雷·伊格尔顿认为，"所谓的

① 雷蒙·威廉斯．文化与社会：1780—1950[M]．高晓玲译．长春：吉林出版集团有限责任公司，2011：66.

② 安东尼·史密斯．民族主义：理论、意识形态、历史[M]．叶江译．上海：上海世纪出版集团，2011：26.

③ 程巍．中产阶级的孩子们：60年代与文化领导权[M]．北京：生活·读书·新知三联书店，2006：209.

‘文学经典’以及‘民族文学’的无可怀疑的‘伟大传统’”①，是在特殊的时代由特定人群因为某种原因而进行的一种建构。根据伊格尔顿的说法，利维斯所构建的英国民族文学经典以及他所勾勒的英国文学的伟大传统，就是英国文学批评家这个特定人群，出于提升英国民族认同这个特定的理由，在战后这个特定的时代所形成的一种建构，这种建构是英国文学批评家在国家民族遇到危机之时的回应方式，也是建构集体“自我”民族图景和“他者”民族图景②，并强化“我民族”与“他民族”两者界限的时代驱动力。

在两次世界大战及战后这个特定时历史时期，民族主义的兴起推动了民族文学的发展，英国文学批评家们在文学批评所进行的价值判断的过程中提升了英国民族文学的地位，进而达到提高民众的民族认同感的效果，这是战后英国的时代需要。

1.2.1　两次世界大战和战后反殖民浪潮对英国地位的打击

关于世界大战对英国文学研究的影响，特雷·伊格尔顿对此曾表达，在第一次世界大战动摇了欧洲各国的民族屏障，英国文学研究迅速发展，作为道德戒规和精神膏药，英国文学成为“精疲力竭、加速没落中的帝国民族的一个整体的替代身份”。③ 从 17 世纪开始的工业革命使英国的生产力得到极大提高，经济、军事、科技等领域都迅猛发展，英国成为世界第一强国，并开始了它的海外殖民，作为一个在七大洲、四大洋都有殖民地的宗主国，英国成为“日不落帝国”。直到 19 世纪末 20 世纪初，英国的全球霸权地位不可动摇，同时，德国作为新兴资本主义国家，曾经的殖民地美国作为经济发展的后起之秀，在工业革命之后的两个世纪也在奋力追

① 特雷·伊格尔顿．二十世纪西方文学理论[M]．伍晓明译．北京：北京大学出版社，2007：11.

② 此处借鉴了方维规在其文章中的“自我图像”和“他图像”概念。参见方维规．民族主义原则损伤之后[J]．社会科学，2006(5)：18-31。

③ 特雷·伊格尔顿．历史中的政治、哲学、爱欲[M]．马海良译．北京：中国社会科学出版社，1999：211.

赶。在经济领域，"'自由帝国主义'的理论受到挑战，英国失去它在工业方面的垄断地位，德国、美国、法国都在迎头赶上。"①在战争中，英国的地位受到的威胁也很明显，由于英布战争的失败，英国逐渐意识到"自己的国力已相对衰弱，不再像19世纪中叶那样可以抗衡整个世界"。② 因此，"一战"之前，虽然欧洲其他国家已经逐渐赶上英国的步伐，但是曾经的大英帝国并不把其他国家放在眼里，它感受到的威胁也并不是特别强烈，"一战"的爆发使英国更加强烈地意识到其他国家民族，特别是德国的威胁。③ 在战争中，英国和法国还有俄罗斯同属于协约国，因此，法国和俄罗斯这两个大国的威胁并没有德国强烈，从英国文学的研究领域也可以看出来，与德国文学和文化相比，英国文学批评家们对法国和俄罗斯文化和文学的敌意没有对德国的敌意那么明显，这足以看出充满硝烟的战场与文化领域战场在民族认同这一方面的相通之处。

其实，在"一战"中，英国政府的战时宣传机构就有一个专门的部门，名为：文学与艺术部门(Literature and Art Department)，负责在文学与艺术领域为英国国家做宣传。1914年9月18日的《泰晤士报》就曾发表战时爱国文章《英国的命运与责任——正义的战争》，文章附有超过50名当时著名作家的签名，其中包括托马斯·哈代(Thomas Hardy)、亨利·纽博尔特(Henry Newbolt)、拉迪亚德·吉普林(Rudyard Kipling)、G. K. 切斯特顿(G. K. Chesterton)等富有声望的文学家。④ 对德国的敌视程度因为战争而与日递增，我们可以从德国语文学的事例来看这一现象："一战"之前，英国文学界对于德国语文学的讨论就一直存在，条顿民族的文化对于英国文

---

① 钱乘旦，许杰明. 英国通史[M]. 上海：上海社会科学院出版社，2012：303.

② 钱乘旦，许杰明. 英国通史[M]. 上海：上海社会科学院出版社，2012：316.

③ 在第一次世界大战中，英国、法国、俄国、美国等国结盟为协约国，德国、奥匈帝国、奥斯曼帝国、保加利亚等国结盟为同盟国，战争遍布世界各地。对于英国来说，无论是在海上还是在陆地，战争最激烈的地方在"西线"，这是英国的主战场，也就是英军与德军对峙的战线。

④ Chris Baldick. The Social Mission of English Criticism 1848—1932[M]. Oxford: Clarendon Press, 1983: 87.

化是来自异国的令人窒息的枷锁还是可以汲取营养的养分，大家众说纷纭，褒贬不一。战争开始之后，关于德国语文学纷争的天平显而易见地向贬抑的一方严重倾斜，如圣·安德鲁斯大学艺术学院的院长曾在 1917 年谈道："如果我们仍然受到 Kultur(德国文化)的影响的话，那么，不仅仅在战场上，战胜德国人几乎等于没有意义，而且在教育事业上，它带来的危险将非常重大。"①

在英国的大学，英国文学研究的教授们对于德国文学和文化的贬抑非常直白，牛津大学的英国文学教授拉雷就曾说"德国大学文化就是恶魔"，而且他"愿意集结 100 个教授来挑战 100 个德国教授。他们的灭亡将是对人类的贡献"。② 可以想象，这番言论另德国文学教授或者其他有德国背景的教授在英国的大学会感到多么毛骨悚然，多么地害怕和无助。大学作为一个高级知识分子的聚集地，作为一个理性思考的场域，都如此激烈地反对德国，可见整个英国民族对德国的仇恨程度有多深。其实，如果我们仔细感受这句话，如此骇人听闻的言论与"二战"时期德国的极端法西斯主义所表达的破坏性力量和无人道精神并无二致。

在战时，拉雷教授就曾说过："英语应该成为世界上最安全的语言，这是这场战争的关键所在。"战后，英国政府更加意识到教育对于国家民族发展的重要性，开始启动了包括科学、古典文学、现代语言学和英语在内的四个不同学科的教育情况的报告，其中 1921 年的《纽博尔特报告》③，也就是《英格兰的英语教育》，曾提及"英语，从来没有像现在一样，应该成为世界性的语言，战争使我们的语言遍布地球的五大洲…… 至今，英语语言的推广大部分原因是政治的和商业的，但是我们应该有更宏大的理由。

① Chris Baldick. The Social Mission of English Criticism 1848—1932[M]. Oxford: Clarendon Press, 1983: 88.

② Chris Baldick. The Social Mission of English Criticism 1848—1932[M]. Oxford: Clarendon Press, 1983: 89.

③ 《纽博尔特报告》(Newbolt Report)是英国政府在战后对英语学科的教学情况所进行的调查报告，由 Henry Newbolt 担任报告撰写组的主席，因此被称为《纽博尔特报告》。

那就是我们的文学中本身所固有的高度的价值正在逐渐被认识到”。① 利维斯对英国民族语言的强调，毫无疑问，也与一战之后整个民族对于民族认同的时代需求相关。利维斯也总是强调，文化或者文学领域的语言对于一个国家民族的重要性这一点。利维斯在其1934年出版的《文化与环境》一书中，就谈到语言对于一个民族国家传统文化的影响力：“我们的文化的核心是语言，只要我们的语言还在，那么我们的传统就还在。而语言不仅仅是关于词语而已——或者说词语不仅仅只意味着词语本身。”②利维斯在此书中还援引了I.A.瑞恰兹关于语言的观点：“从一开始，文明就是依赖语言的，因为词语是连接过往、连接他人的重要的联结物，也是我们精神传承的重要渠道。”

“第一次世界大战③带来的一个后果，是民族主义的兴起。民族国家、国家主权、国界、签证等对生活在1914年以前的时代里的欧洲人是陌生的。在他们那个时代，谁都陶醉于‘欧洲人’甚至‘世界公民’的梦幻中，一个奥地利公主完全可以因为姻亲的关系而成为西班牙女王…… 但1914年开始的断杀把这一切统统扔进了历史，人们发现自己的名字比任何时候都更牢固地拴在国籍上。国界在各个领域都被划得泾渭分明。”④曾经的欧洲人民并没有国家民族意识，虽然一直以来，在欧洲也一直有战乱和冲突，

---

① Chris Baldick. The Social Mission of English Criticism 1848—1932[M]. Oxford: Clarendon Press, 1983: 90.

② F R Leavis, Denys Thompson. Culture and Environment[M]. London: Chatto & Windus, 1934: 81.

③ “第一次世界大战历时4年多，波及全世界，世界上有7000万人走上战场，约1000万士兵掩尸沙疆。英帝国整体卷入战争，投入的兵力约950万，其中600万出自英国本土。在战争中，英帝国军队伤亡300多万人，阵亡的士兵大约有100万，其中约80%是英国士兵。在第一次世界大战中英国承受了重大的经济损失，支出费用近100亿英镑，损失船只约900万吨位，其经济结构遭受重大破坏。战后，虽说1919年至1920年经历了短暂的经济繁荣，其结构性的伤害却非常难以补救。从20世纪20年代起，英国经济一直处于不景气状态，英国丧失其经济上的霸主地位，其实是从第一次世界大战开始的。”参见钱乘旦，许杰明．英国通史[M]．上海：上海社会科学院出版社，2012：318。

④ 程巍．中产阶级的孩子们：60年代与文化领导权[M]．北京：生活·读书·新知三联书店，2006：208.

但是似乎更像一个有着争吵和矛盾的大家庭，而战争的残酷性激发了人类的戒备心理，更加明显地感受到“他者”和“我者”之间的区别，民众更加需要一种集体认同感来认识自己和保护自己。

第一次世界大战过去之后仅 20 年的时间，第二次世界大战爆发，同盟国和轴心国之间的战争持续了 6 年，战争范围广，涉及人口众多，给全世界人民带来重大损失。第二次世界大战给英国带来了重要的影响：“战后英国已经从世界一流强国的地位上迅速滑落，世界上出现了两个超级大国——美国和苏联，英国逐渐向欧洲二流国家萎缩。”①虽然两次世界大战中，英国都是战胜国，但是两次世界大战都给英国带来惨重损失，严重影响其国力。② 大英帝国的殖民地曾遍布世界各地，在其鼎盛时期，除了南极洲，英国的殖民地遍布世界其他六大洲。20 世纪初，大英帝国的国土面积到达顶峰。③ 两次世界大战中，虽然英国打赢了战争，但是战后的殖民

① 钱乘旦，许杰明．英国通史[M]．上海：上海社会科学院出版社，2012：335.

② 第二次世界大战给“英国的损失是巨大的，在战争中，近 30 万英军战死，6 万多平民丧生，英国商船损失惨重，约一半运载量在战争中被摧毁，35000 名海员战死。为换取美国‘租借法案’的援助，英国将纽芬兰、百慕大、巴哈马、牙买加等殖民地的许多军事基地租给美国，租期长达 99 年。英国欠下巨额战争贷款，1945 年外债达到 35 亿美元，其黄金、美元储备及海外投资在战争中几乎耗尽，事实上英国已经一贫如洗，它的‘世界首富’的称号已一去不复返了，战后只有靠‘马歇尔计划’以及 50 亿美元的美、加贷款，才勉强维持，不至于破产”。参见钱乘旦，许杰明．英国通史[M]．上海：上海社会科学院出版社，2012：335。

③ “15 世纪以后，西方一些国家通过殖民活动建立世界性的大帝国，英帝国是其中最大，也是影响最深的一个。英帝国与其他一些帝国相比，有许多明显特征，比如说它更注重生产性的开发，而不纯粹是杀鸡取卵式的掠夺，它特别重视殖民地的商业价值，殖民政策的改变一般都以商业利益为出发点。在政治上，它引进殖民地自治的概念，这在很大程度上缓和了母国和殖民地的矛盾。”大英帝国的殖民地分为“移民殖民地”和“土著殖民地”，“加拿大、澳大利亚等属于‘移民殖民地’，其居民基本上是白种人，尤其是盎格鲁-萨克逊人的移民后裔，这些地方后来的发展与母国有很大的相似性。印度、亚非其他殖民地属于‘土著殖民地’，在这些地方英国人的统治方式有很大的差异，后来各殖民地走过的道路也各有不同。爱尔兰是一个很特殊的地方，严格地说它不是英国的殖民地，但英国人的所作所为使爱尔兰形同殖民地。英帝国与西班牙帝国、葡萄牙帝国、法帝国、俄帝国等相比，具有明显的‘自由主义’色彩，这是与英国自身的发展相关的。大英帝国瓦解后仍留下一个英联邦，就与这个特点很有关系”。参见钱乘旦，许杰明．英国通史[M]．上海：上海社会科学院出版社，2012：311。

地民族解放运动风起云涌，大英帝国的英属殖民地民族主义情绪高涨，纷纷要求独立，曾经风光无限的“日不落”帝国逐渐失去往日的辉煌。从19世纪初开始，英国逐渐从世界权力的巅峰衰落，“白人殖民地完成了组建民族国家的过程，成为英联邦中与英国平等的伙伴。印度开始离心，民族主义运动一浪高过一浪。亚洲、非洲各附属殖民地的民族主义也开始抬头”。① 第二次世界大战更是推进了所有殖民地的民族主义潮流，日不落大英帝国进入末日时代。

“维护民族认同的最好方式，是将一切不愉快的东西说成是别人的，造成一种‘他者等于威胁’的幻想，而自己的形象则再一次被净化、巩固、变得清晰，成了无罪的、轮廓分明的我。”②这种“他者等于威胁”的幻想在战争时期则显得更加突出。一切可能对英国民族以及英国文学学科造成威胁的东西，都属于他者。在战争时期，英国国家和民众感受到的这种威胁甚至并不是一种幻想，而是一种实实在在的对生命和生存的威胁，特定的时代赋予了特定的人群特定的使命，利维斯等文学批评家则成为弘扬英国民族文化的使者。关于利维斯对弥尔顿诗歌的负面评价，其他的学者也观察到这一点，虽然弥尔顿是英国自己国家的伟大民族诗人，但是他诗歌中的“他者”因素对英国文学学科造成了威胁，于是也被利维斯归入“威胁范畴”，成为不愉快的东西，因此利维斯毫不犹豫地予以鞭挞。阿兰·辛菲尔德是研究战后英国国情的专家，在其《战后英国文学、政治和文化》一书中，他也注意到C. S. Lewis对弥尔顿的评价以及利维斯对弥尔顿的评价之间的天壤之别，C. S. Lewis曾说，他在《失乐园》中读到的感受和利维斯的完全不同，利维斯所看到的和憎恨的恰恰是他看到的和喜爱的。辛菲尔德认为，对待文学如此不同的看法只能是源自政治意识形态。③ 而战争之后，

① 钱乘旦，许杰明．英国通史[M]．上海：上海社会科学院出版社，2012：330.

② 程巍．中产阶级的孩子们：60年代与文化领导权[M]．北京：生活·读书·新知三联书店，2006：248.

③ Alan Sinfield. Literature, Politics, and Culture in Postwar Britain[M]. Berkeley and Los Angeles: University of California Press, 1989: 30.

政治意识形态领域的民族认同需求就是影响甚至是决定利维斯文学批评褒贬方向的驱动力。

1.2.2　战后美国的大众文化对英国精英文化的冲击

从 20 世纪末开始，美国的文化工业就开始萌芽，并与政治密切相关。“一战”后，美国的工业文化更加迅猛发展。特别是从 20 世纪 30 年代开始，美国已经度过经济危机。另外，在第二次世界大战中，由于参战国对于军事科技的投入非常大，科技得到迅猛发展。文化工业的生产和传播与科技紧密相关，借助科技的提高，美国的文化工业在战后进入黄金时代。

美国的文化工业代表的是一种大众文化，大众文化也是民主政治的表征之一，这与利维斯推崇的精英文化显然背道而驰。利维斯曾说：“我们的国家，从某种意义上来说，正在美国化，或者说正在接受美国意义上的民主观念。我们并不是说要对科技进步有任何的偏见，或者说要打击任何科技进步方面的竞争，也不是不承认科技发展的区别，科技发展的不均衡是一种自然现象。但是现在我关心的问题是，没有什么能够检验和控制这种民主原则，在这种民主原则里，任何智性的精英文化都会被嫉妒，也会被防范，只有那些真正知道我们正处在危机中的人们才不会嫉妒也不会防范智性的精英文化…… 这种美国意义上的民主观念带来的弊端非常清楚：那就是每个人都听说过的‘缺乏目的和目标’。”①从以上的引言中，我们可以看出，利维斯对于民主政治和科技主义并不是持绝对的否定态度，他拥护国家的民主制度，支持民主给普通民众带来的利益和权力，同时，他对科技带来的进步也给予了一定程度上的肯定，他所反对和贬斥的是“美国意义上”的民主观念和科技主义，认为这是一种空虚的，没有目的和目标的观念。其实民主制度和科技主义，从总体意义上来说，或者从本质上来说，无论在哪个国家都是一样的，利维斯所反对的不是民主制度或者科技

① F R Leavis：English Literature in Our Time and the University[M]. Cambridge：Cambridge University Press，1967：182-183.

主义，他所反对的是在这两个方面都特别突出的和具有代表性的国家：美国。

詹姆斯·皮德拉斯曾在《二十世纪末的文化帝国主义》一书中谈到美国文化帝国主义的两个主要目标，“经济上，主要是为其文化商品攫取市场，政治上，则是要通过改造大众意识来建立霸权……政治上，文化帝国主义的重要作用在于将人们各自从他们的文化之渊源和团结传统中离间出来，并代之以新闻媒介制造出来的、随着一场场宣传攻势变幻的需求”。① 19世纪的英国思想家们如阿诺德、卡莱尔、罗斯金、金斯利和莫里斯等人就已经对工业革命和技术主义带来的文化困境表达过强烈的担忧。② 到了20世纪初，第一次世界大战的爆发带来了痛苦的精神创伤，英国的一切都是颓废解体的模样；与此同时，美国的商业消费主义甚嚣尘上，对大洋彼岸曾经的宗主国产生了巨大的冲击，英国面临的文化危机也进一步加剧。

在《文化与环境》一书中，利维斯花了很大的篇幅来谈论以广告为代表的美国文化工业。利维斯在《我们时代的英国文学及大学》一书中也不断提醒英国民众应该警惕“美国化”，这种美国化就是一种技术——边沁文明(Technologico-Benthamite Civilization)，与英国的精英文化相比，美国的文化是“空虚的”③，会给英国文化带来文化衰退，如美国的流行文化(Pop Art)。利维斯认为流行文化是一种大众对于他们“想要的东西”的直接反应，被认为是不可阻挡的冲动。对于电影行业，利维斯也深入研究了美国文化工业中的商家利用消费者心理学迎合大众的现象。20世纪初，美国的电影工业已经成为一个主要的产业，好莱坞的电影公司为了迎合大众“想

① 李怀亮，刘悦迪．文化巨无霸：当代美国文化产业研究[M]．广州：广东人民出版社，2005：30.

② 关于19世纪英国知识分子的文化批评，参见殷企平．文化辨护书：19世纪英国文化批评[M]．上海：上海外语教育出版社，2013。

③ F R Leavis. English Literature in Our Time and the University [M]. Cambridge: Cambridge University Press, 1967: 24.

要的东西"直接反应的趣味，开始制作各种类型电影①，"类型片模式虽然在商业运作上很成功，却在一定程度上削弱了好莱坞电影的艺术追求"。②利维斯曾经在《教育与大学》中以美国的电影工业③为例来表达其对美国文化工业的不满，和对英国精英文化的忧思，利维斯认为，美国的电影工业将文学作品变成无须动脑的纯粹的娱乐作品，观众不需要精神上和智性上的思考和咀嚼，文化变成了庸俗的符号。令利维斯担忧的是，正是这些无须动脑的美国电影作品在慢慢侵蚀英国的精英文化传统。④

此外，利维斯对于美国文化工业中的另一种形式——广告——也是非常失望。他认为广告与大众文化生产紧密相连。而大众文化生产企业如果要盈利，就必须迎合市场，这会导致一个严重后果，那就是，现代社会的物质繁荣建立在诱导人们去购买他们不需要或者不应该购买的东西上。因为要盈利，广告商的目的不是提供必需品，而是创造一种需求来提供，这样才能在同类型的企业中具备竞争力，获得成功。利维斯在《文化与环境》中特别提到了美国的"广告人"展现了非常高超的精于计算的销售技巧。⑤基于利维斯对广告业的分析，我们可以看出，大众文化与精英文化的区

① "类型电影"包括：西部片、动作片、动画片、家庭片、喜剧片、爱情片、恐怖片、音乐片、悬念片、科幻片等。类型片是一种商业运作模式，导演注重的是如何吸引观众和迎合观众的口味。如果一种叙事模式被证明是吸引观众的，后面同一类型的影片就如法炮制，因为一般情况下，这样比较能够保障票房的收入。参见孙有中．美国文化产业[M]．北京：外语教学与研究出版社，2007：120。

② 孙有中．美国文化产业[M]．北京：外语教学与研究出版社，2007：120.

③ 关于美国好莱坞电影的发展史，李怀亮和刘悦迪曾在《美国电影产业：好莱坞征服世界的历史》中做出梳理："20 世纪 30 年代一位英国人曾说过，'世界上每一座电影院都是美国的大使馆'……美国的影视作品已经占据了世界上任何一个最偏僻的市场，加拿大有 96%的影视产品来自美国，法国有 70%以上的影视产品是美国货，全球正在放映的电影有 85%来自好莱坞。"参见李怀亮，刘悦迪．文化巨无霸：当代美国文化产业研究[M]．广州：广东人民出版社，2005：50。

④ F R Leavis. Education and the University[M]. Cambridge: Cambridge University Press, 1979: 150.

⑤ F R Leavis. Culture and Environment[M]. London: Chatto & Windus, 1934: 30-31.

别，类似于金融市场中劣币和良币的区别。利维斯对文化市场中的劣币非常担忧。

由此可见，在文化领域，劣币成功地驱逐了良币，利维斯对此感到痛心。美国的电影、广告、新闻等劣币占领越来越大的市场，而英国精英文化则逐渐被束之高阁。这种现象带来的影响令人深思：人们的行为方式会“更趋向于原始的感觉和冲动，符合于最初反应和固有偏见，而不会受到再三考虑的理性深思的启发”。① 虽然电影、广告、新闻等大众文化相关的现象并不只是美国专属，其他国家也有，但是在美国，这些新兴的文化工业的确比较发达。因此，在利维斯看来，正是战后的美国文化工业作为“劣币”驱逐了英国精英文化所代表的“良币”，战后美国文化工业的发展和扩张挤压了英国文化的生存空间，对英国民族的文化造成了威胁，必然会让利维斯忧心忡忡。

1.3 利维斯个人的国家情怀

时代背景影响个人的行为，利维斯所处的特定时代为利维斯的文学批评关注民族认同提供了外在的环境因素。两次世界大战和战后反殖民浪潮对英国强国地位的冲击，以及战后美国文化工业对英国精英文化的冲击，都是利维斯文学批评关注民族认同的时代需要。但是仅仅只有作为外在因素的时代需要也是不够的和片面的。利维斯个人的国家情怀也是利维斯文学批评活动中的重要动因。利维斯的个人成长经历和学术兴趣选择为利维斯在文学批评中关注民族认同提供了主体的内在驱动力。

1.3.1 个人成长经历

利维斯的个人成长经历是其关注英国民族认同的内在因素和主体

① F R Leavis. Education and the University[M]. Cambridge: Cambridge University Press, 1979: 148.

条件。

第一，利维斯成长的环境使其精通英语语言、文学、文化。这为他今后从事英语文学批评这个职业提供了扎实的知识基础。利维斯的一生基本上在剑桥度过，他出生在剑桥，在剑桥长大，其父亲亨利·利维斯在剑桥经营了一家乐器商店。利维斯的父亲也是一位受过教育的人，在利维斯的家中，阅读文学作品，如狄更斯的小说和莎士比亚的戏剧是其家庭的娱乐之一。可以说，利维斯从小就在父亲的影响下受到了文学艺术的熏陶。因此利维斯对英语文学非常了解。利维斯从小在非常有名的珀斯文法学院学习。在珀斯文法学院，利维斯对莎士比亚就非常感兴趣。1912 年，利维斯曾经参与了《麦克白》戏剧的演出，后来在利维斯的文学批评中，多次以《麦克白》为文学批评的文本对象。①

第二，利维斯的学习经历使其对其他民族的语言文化也很了解，这为他今后在文学批评中对其他民族语言、文学、文化进行批判提供了直接的便利条件。利维斯在珀斯文法学院学习期间，此校校长 W. H. D. 劳斯是一个古典主义文学学者，同时也精通梵文。在劳斯担任校长期间，珀斯文法学院的课堂上，教师和学生之间的对话必须用拉丁语和希腊语进行，很少用英语。② 虽然利维斯对此举持否定态度，但是显然这样的学习经历肯定会帮助利维斯获得多种语言能力，同时，也培养了利维斯对不同语言之间细微差别感受的敏感性。除拉丁语和希腊语之外，在珀斯文法学院，利维斯也学习了德语和法语课程。因此，利维斯掌握了几种不同的欧洲语言，这个多语言知识背景为日后利维斯的文学批评打下了坚实的基础。

第三，利维斯亲身参与了第一次世界大战，对于战争的残酷，利维斯有切身的体会，对于敌对国的憎恨，是利维斯将自己奉献于提升民众英国民族认同之事业的心理基础。利维斯在第一次世界大战期间曾经在“友好急救部门”从事过担架手的工作，毫无疑问，这个经历本身会使其见到太

① Ronald Hayman. Leavis[M]. London: Heinemann Educational Books Ltd., 1976: 1.

② Ronald Hayman. Leavis[M]. London: Heinemann Educational Books Ltd., 1976: 1.

多惨烈的场面，那些血淋淋的身体，那些痛苦的表情，那些与他年龄相仿的年轻战士们面对死亡时的挣扎，也许都会在不到二十岁的利维斯的心中留下永久的难以磨灭的心理创伤。在腥风血雨之中，整日与血肉模糊的战士和枪林弹雨为伴，利维斯对战争的残酷以及人类的痛苦自然有了最切身和最直接的体会，也自然给利维斯带来不可磨灭的心理创伤。利维斯后来很少提到这段经历，也许是因为记忆太深刻，深刻到不愿意再提起这段跟惨烈的战争相关的回忆。据说利维斯在担任担架手期间，他的背包里一直都有一本弥尔顿的诗集。① 按理说，利维斯曾经应该很喜欢弥尔顿，对弥尔顿应该有深厚的感情，可是后来，在利维斯的文学批评中，他对弥尔顿的评价一直不高，就是因为弥尔顿的诗歌语言离英语民族语言太远。或许，"一战"的经历给利维斯的影响太大，此经历加深了利维斯的民族认同信念，甚至改变了他对诗人的喜好。

利维斯很少离开英国，甚至未长时间离开剑桥，他心怀英国民族的安危，带着对英国社会的强烈的民族责任感和使命感，以英国文学批评为基石，以改良英国文学教育为途径，弘扬英国民族精神，增进英国民族认同情感，为自己的国家和民族贡献了自己的一份力量。

1.3.2 学术兴趣选择

除了利维斯的个人成长和生活经历之外，利维斯的学术兴趣也是其关注英国民族认同的另一重要主体因素。

首先，利维斯本来是一名历史学院的学生，后来选择进入英语学院，攻读英国文学，英国文学这个学术方向是利维斯的主动选择。利维斯的学术兴趣选择为其日后以英国文学批评为武器，提升英国民众民族认同情感提供了情感支持。

利维斯从珀斯文法学院毕业之后，进入剑桥的伊曼纽尔学院学习，攻读历史学，后来转入英文学院。剑桥的历史专业由来已久，但是当时的英

① Ronald Hayman. Leavis[M]. London: Heinemann Educational Books Ltd., 1976: 2.

文学院则处于发展的最初阶段，很少有学生选择英语文学这个专业。由于这是一门新的学科，英语学院的教师在英语文学教学方面也都是摸索着前进。所以，在历史学、语文学、古典文学等各种“高人一等”的学科面前，利维斯没有选择它们，而是选择了英国文学，这在当时并不是很常见的。因此，可以说，利维斯对所学专业的主动选择体现了他一直以来对英国文学的热爱，对英国民族文化的忠诚。

其次，利维斯对大众文化的兴趣和研究，使其对大洋彼岸的竞争对手——美国的文化工业非常了解，这也为他的文学批评中所带有的文化批评成分提供了学术基础。

利维斯在剑桥攻读博士学位期间，其博士生导师为阿瑟·奎勒·库奇，利维斯的博士论文题目为《报业与文学的关系：英格兰出版社的兴起和早期发展研究》。在这篇博士论文中，利维斯就曾经探讨过，英国大众文化最早的兴起时间，就是早期的伊丽莎白时代，因为在这个时代，报业开始发展，与此同时，读者大众也越来越多。这为利维斯对大众文化的研究提供了坚实的学术基础。所以我们不难理解，利维斯的文学批评研究一直都没有拘囿于文学文本内部，而是一贯地关注文学的外部研究。

利维斯的夫人 Q. D. 利维斯的专著《小说和读者大众》，是 Q. D. 利维斯求学期间在 I. A. 瑞恰兹的指导下完成的论文的基础上而成的作品。Q. D. 利维斯曾经是利维斯的学生，也是利维斯一生的学术伙伴。利维斯伉俪在学术方面互相影响，所以无论是利维斯本人的学术基础还是利维斯妻子的学术方向，都使其对文学的外部研究产生兴趣。

利维斯的个人成长经历和学术兴趣选择是其关注民族认同的内在原因。结合当时的时代背景给利维斯带来的外在影响，以及英国文化历史上的文化批评传统，在内在因素、时代因素及历史因素三者的共同作用下，可以说，利维斯的文学批评关注民族认同的驱动力很强大。

第2章　利维斯文学批评标准中的民族认同尺度

民族文学经典的生成与文学批评家在批评实践中的批评标准，也就是批评家的价值判断尺度息息相关。“一个民族的发展和繁荣与这个民族的民族文化发展和繁荣相伴相随。从19世纪开始，这种民族文化的特性愈来愈多地在民族文学经典作品的生成上体现出来。”① 雷蒙·威廉斯认为，文学批评是一种判断，用以评价一个创造性和想象性作品是如何被写作的，它的评价对象不是思想，不是历史，也不是宏大的人类主题。② 文学批评作为一种价值判断，它需要一定的判断标准。利维斯并不认为自己的文学批评有标准，他极力反对文学批评中的理性的规范和教条式的条规。但是正如勒内·韦勒克(1903—1995)在其与奥斯丁·沃伦(1899—1986)合著的《文学理论》(*Literary Theory*)中所指出，我们需要注意区分以下两种价值判断，它们分别是“显明的判断与

① Antony Easthope. Englishness and National Culture [M]. London and New York: Routledge Press, 1999: 117.

② Williams Raymond. Keywords: A Vocabulary of Culture and Society [M]. New York: Oxford University Press, 1985: 186.

含蓄的判断，这种区分不等同于那种有意识判断与无意识判断的区分。有一种判断叫作感性的判断，另有一种叫作理性的推论性的判断”。① 勒内·韦勒克和奥斯丁·沃伦认为，这两种判断之间并没有本质性区别，它们也并不矛盾，感性的判断需要理性的规范来使文学批评更有力量，而理性的判断需要感性的阅读为基础。因此，虽然利维斯极力反对自己的文学批评有判断标准，他仍然有判断标准，因为一个批评家在选择文学家或者文学作品作为自己的批评对象的过程中，实质上就提供了一种价值判断，而这种价值判断可能是明显的，也可能是含蓄的。利维斯的文学批评价值判断标准就是含蓄的，但这并不意味着我们不能够将这种标准辨别并提炼出来。

利维斯的文学批评标准中最重要的尺度就是民族认同尺度。在利维斯对各种文学作品进行价值判断的过程中，虽然利维斯表达含蓄，但是我们仍然可以看到以下三点体现得比较突出：文学作品是否有助于发掘文学传统以凸显英国性，是否有助于彰显英国文学伦理以凝聚民族认同感，是否有助于英国国民品味英语艺术养成英国人。如果某类文学作品不能做到提升国民的民族认同感，则不会被利维斯纳入优秀作品的范围之内。

2.1　重视文学传统凸显英国性

特雷·伊格尔顿认为“利维斯等人对于根本的英文性(essential English)的信念——即确信某些英文比其他英文更是英文——是上层阶级的沙文主义的某种小资产阶级的翻版”。② “根本的英文性”在利维斯发掘的英国诗歌传统和英国小说传统中都有体现，在他的英国文学作品批评标准中，这是一个明显的民族认同维度的尺度。

---

① 勒内·韦勒克，奥斯丁·沃伦．文学理论[M]．刘象愚等译．南京：凤凰出版传媒集团，2010：301.

② 特雷·伊格尔顿．二十世纪西方文学理论[M]．伍晓明译．北京：北京大学出版社，2007：36.

“以根本的‘英文性’的信任为武器，就可以送走具有拉丁风格的或使用抽象语言的作家(弥尔顿、雪莱)，而把领导地位授予戏剧性的具体的作家(邓恩、霍普金斯)。毫无疑问，对于文学地形的此种重新勾勒只能被看作对一个传统的某种仍有争辩余地的建构，一个某些明确的意识形态成见所形成的建构：这些作家被认为就是恰恰真正体现了‘英文性’的本质的作家。”①利维斯在文学批评中强调具体的语言才属于真正的“比其他英文更加英文”的体现英国性的英国民族语言。这个利维斯集团所指的“根本的英文性”是被建构的，但是不能否认的是，它也的确影响了民族语言，使具有拉丁风格和使用其他民族相对抽象的语言的作家退居后台，不再向往日一样总是出现在舞台前端。

“英国性”是利维斯文学批评标准中的重要民族认同尺度。利维斯在发掘和创造英国文学传统的过程中，英语文学语言中的本身所带有的具象特征是利维斯一直强调的英文性的体现；英国性中的“生活性”这一特点在利维斯对法国文学的批评中也可见一斑；鲜活细腻这一特点在利维斯对古希腊罗马文学的批评中也比较明显。以上三点都是利维斯发掘文学传统时所持的批评标准。

2.1.1 发掘英国文学语言的独特传统

文学语言曾经被认为是高雅的、崇高的、属于少数人的。但英语语言作为一门通俗的、具体到生活细节的、日常的语言，被利维斯如此推崇，这与《纽博尔特报告》中所明确提到的民族认同感和民族自豪感不无关联。此报告说：“基于英语的开明的教育是形成一种新的国家凝聚力的因素，能联结各个阶层的精神生活，这应该在文学上体现出来，也更应该在普通语言中体现出来：‘这种对于民族语言的情感将会成为不同阶层之间的纽

① 特雷·伊格尔顿．二十世纪西方文学理论[M]．伍晓明译．北京：北京大学出版社，2007：36-37.

带，能产生真正的国家民族自豪感。’”①曾经的经典文学中崇高的、高雅的语言属于上层阶层，如果文学语言中没有具体的属于普通老百姓的语言，则势必会加深社会不同阶层人群之间的隔阂，不利于国家民族认同情感的联结，因此那些曾经的经典文学中的抽象的语言被利维斯贬抑，具体的语言被利维斯推到前台，因为它能够成为联结社会各阶层的一条精神之线，使英国民族的民众互相认同彼此，感受到同样的语言，从而紧密凝聚在一起。如果我们仔细阅读利维斯的文学批评作品，我们会发现，利维斯的文学批评标准之一是：以英语语言创作的作品优于其他国家语言所创造的作品，因为英语语言承载了英国人的优秀文化。

在利维斯的文学批评中，《英语诗歌新方向》一书是他关于诗歌的代表性作品之一，利维斯在这部作品中曾经对“一战”前后，也就是乔治王朝时期②的作家有过评价。总体上来说，他对这一时期的作家评价不高，但是其中有两位诗人与其他诗人不同，应该区别而论，这两位诗人分别是艾德蒙·布兰顿（Edmund Blunden，1896—1974）和爱德华·托马斯（Edward Thomas，1878—1917）。利维斯认为他们是乔治王朝时期的优秀诗人，相比布兰顿，托马斯甚至在诗歌成就上更胜一筹，原因就在于托马斯的诗歌语言更加具有生活具体性。在分析当代英国诗人爱德华·托马斯的诗歌时，他认为托马斯的诗歌更加具有“生活的细密纹理、普通的当下生活”，而这是让托马斯在其他乔治王朝时期的诗人群体中脱颖而出的原因。利维斯援引了托马斯的作品《十月》（*October*）来表达他对英语具体生活语言的偏爱和肯定，此首诗的开篇为：

绿色的橡树上的金色的树枝
叶子飘到草地上，一片接着一片

① Chris Baldick. The Social Mission of English Criticism 1848—1932［M］. Oxford：Clarendon Press，1983：95.

② 英国的乔治王朝时期指的是 18 世纪和 19 世纪早期，从乔治一世到乔治四世的统治时期。

小山丘上的短短的草地，小小的牛奶白色的蘑菇
风信子，山萝卜和委陵菜
还有那在露珠和太阳中的草莓和金雀花
它们弯着腰；风儿轻轻地吹着
摇动着掉下来的桦木叶子
小小的蛛丝网随意地蔓延①

我们可以从此首诗中的语言看到托马斯对具体生活语言的运用，无论是“橡树”“叶子”“小山丘”“草地”“蘑菇”“风信子”“山萝卜”“委陵菜”“露珠”“太阳”“草莓”“金雀花”“风儿”“桦木”“蛛丝网”等名词，还是“绿色的”“金色的”“短短的”“小小的”“牛奶白色的”等形容词，都是生活中普通人常见的、朴素的语言。而利维斯认为就是在这当下的、具体的生活中，存在着意义。托马斯的诗歌“就好像他(托马斯)要在意识的边缘找寻一种害羞的直觉。当然这也意味着行动的宁静，不会有隆重的腔调和姿态”。②在利维斯对托马斯的评价中，我们可以看到，对于什么是一首好诗，利维斯更倾向于宁静而不是隆重，更强调直觉而不是深思，也就是说，他更强调具体而不是抽象。

---

① 此首诗的原文如下：
The green elm with the one great bough of gold
Lets leaves into the grass slip, one by one,
The short hill grass, the mushrooms small milk-white
Harebell and scabious and tormentil,
That blackberry and gorse, in dew and sun
Bow down to; and the wind travels too light
To shake the fallen birch leaves from the fern;
The gossamers wander at their own will.
参见 F R Leavis. New Bearings in English Poetry: A Study of the Contemporary Situation[M]. London: Chatto & Windus, 1932: 62。

② F R Leavis. New Bearings in English Poetry: A Study of the Contemporary Situation[M]. London: Chatto & Windus, 1932: 61.

《十月》(*October*)的结尾如下：

……现在我可能
很开心，和土地的心情一样美丽，
如果我是其他的
我愿意成为紫罗兰和玫瑰
风信子和雪莲花，就在它们盛开的季节
或者是那一直都快乐着的金雀花。
如果这都不是快乐，那谁知道什么是呢？
未来某天，我会想起这快乐的一天①……

利维斯对这首诗的结尾的评价很高，认为托马斯对于外部世界的关注，很自然地转换到了对内心世界的敏锐反应，这些感官上的直觉印象是服务于内心世界的。由此，托马斯的“一种整体的感受力在这微妙的感触中展现出来”。② 由此可见，在利维斯看来，具体的诗歌并不意味着浅薄和肤浅，也不意味着仅仅是没有深度的外部世界，也并不意味着不能表达真理，真理或者最有意义和有价值的东西反而存在于日常具体的生活中，由

---

① 此首诗的原文如下：
…and now I might
As happy be as earth is beautiful,
Were I some other or with earth could turn
In alternation of violet and rose
Harebell and snowdrop, at their season due,
And gorse that has no time not to be gay.
But if this be not happiness, who knows?
Some day I shall think this a happy day…
参见 F R Leavis. New Bearings in English Poetry: A Study of the Contemporary Situation[M]. London: Chatto & Windus, 1932: 62。

② F R Leavis. New Bearings in English Poetry: A Study of the Contemporary Situation[M]. London: Chatto & Windus, 1932: 62.

具体的外部世界进入丰盈的内心世界，由此，日常的、生活的、具体的细节成为比抽象的思考更加珍贵和崇高的存在，英语的民族语言也更关注自己的本土语言而不是来自异域的语言。

在利维斯与韦勒克对哲学和诗歌的区别所进行的讨论中，利维斯就曾经说过哲学是“抽象的”，而诗歌是“具体的”。① 对利维斯来说，好的诗歌就应该是具体的，具体的诗歌才是好的诗歌，如果诗歌中抽象的成分太多，就会有哲学的倾向，而偏离了诗歌本身的样子。从思想上来说，利维斯也认为具体的生活才能给优秀的文学家带来有创造力的思想，从而形成好的文学作品。在利维斯的《思想、语言和创造力：劳伦斯的艺术和思想》一书中，利维斯对劳伦斯的《彩虹》这部作品进行评价时，曾经谈到劳伦斯思想中的“生活观、创造力”与“具体性”的联系，从而将“具体性”上升到文学创作者的艺术思想层面。

利维斯援引了劳伦斯关于“生活”的一段思考：

“巨大的‘我’②并不是人类本身，我们不应该认为‘我’是巨大的。任何人，男人或女人，只要他或她认为自己是巨大的，那么他或她就什么也不是了。男人或女人，他或她，只是一个流动的生命。没有了别人，我们不能流动，就好像河流没有了河岸，就不能流动一样，一个女人就是我的人生河流的河岸，外面的世界是另一个河岸。没有这两个河岸，我的人生就会陷入沼泽。是我与这个女人的关系，和我与这个世界上其他男人们的关系，成就了我的人生之河。而且他们也成就了我的心灵，一个人如果与其他的人类没有重要的关联，那么他就没有心灵。我们感受不到康德是有灵魂的。一个人的灵魂应该在我与他人的接触中形成和实现，在我与我爱的、恨的、了解的人的接触中实现。我的灵魂能够实现整体性。我的灵魂

---

① Eric Bentley. The Importance of *Scrutiny* [M]. New York: George W. Stewart Publisher Inc., 1948: 32.

② 此处的“巨大的‘我’”的原文为“The great I am”，可以译为“伟大的‘我’”或者其他译文，但是由于作者在此处没有褒义的成分，甚至稍含贬义，因此此处译为“巨大的‘我’”。

值得就是整体的自我。”①

利维斯在评价劳伦斯的这段话时，说道：“劳伦斯关于生命的思考是如此具有思想性，在这一点上我们应该好好关注。当我在问生活是否仅仅存在于具体的个人身上时，我不禁问自己，我是不是太简化了‘具体’与‘抽象’的区别。‘生命’显然是一个我们需要的词汇，而且《恋爱中的女人》一书就是关于英国人现实的和可能的生活。但是如果说‘生活’也意味着抽象，这个命题是否站得住脚呢？生活所指的显然是具体的，它不会直接就是表面的、通过散漫的方式所描述的思想，而是如《恋爱中的女人》所描述的一样是具有创造力的思想。”②

利维斯高度评价了劳伦斯的关于一个人的生命与其他人类生命关系的思考，并将其与“抽象”和“具体”联系起来，一个人的生命就是具体的，活生生地在“那儿”（Life is concretely there）的生命和生活，而这具体的生命与其他生命关联之后才变得有意义，不仅在外部世界有意义，而且在心灵世界也有意义。此外，具体的一个人的生命和灵魂也意味着整体性，因此，“具体性”中就包含“整体性”。而利维斯对于这一点显然非常认同，这与艾略特的“个人”与“传统”之间的关系的阐述有异曲同工之妙。

关于“具体”与“抽象”，利维斯认为“‘生命’意味着‘抽象’”这个命题站不住脚，“生命”是具体的，不是抽象的，也正是这种对生命的看法，使劳伦斯不同于其他文学家，劳伦斯的作品《彩虹》和《恋爱中的女人》一样优秀，这部作品体现了劳伦斯所处的时代英格兰社会的发展，不仅仅是因为他只有思想，而是因为“他的思想是具体的，形成作家的创造力思想的模式也是具体的”。③

---

① F R Leavis. Thought, Words and Creativity: Art and Thought in Lawrence [M]. London: Chatto & Windus, 1976: 123.

② F R Leavis. Thought, Words and Creativity: Art and Thought in Lawrence [M]. London: Chatto & Windus, 1976: 123.

③ F R Leavis. Thought, Words and Creativity: Art and Thought in Lawrence [M]. London: Chatto & Windus, 1976: 124.

对于利维斯来说，只有文学家的思想是关乎“具体性”的，那么文学作品才会关乎“具体性”，文学语言也才会是具体的。利维斯在谈到劳伦斯的作品时，多次提到英格兰本土语言，并将本土语言中的“具体性”与“完整性”相结合，从文学家的艺术思想层面证明了“具体性”的伟大之处。这无疑对于演化民族语言，提升英语这门本被看作通俗甚至卑微的语言的地位是大有裨益的。

在文学中注重对现实的直观的关注和体验，是利维斯所构建的文学传统中的重要组成部分，关注现实的文学传统折射出的是英国由来已久的经验主义传统。正如安东尼·伊斯特霍普所说：“现实就在那儿——看啊，我将要感受一下；忘记理论吧，所有重要的东西就只有具体的判断和特定的分析，就像约翰逊说的那样，文学文本就在那儿，去体验吧，体验这个与理论完全不一样的东西。”①

对现实的关注使利维斯的文学传统中有着“反哲学”的成分，这个“反哲学”其实是支持和强化了另外一种意义上的哲学，利维斯的反哲学是反欧陆的理性主义哲学，在他提倡“反哲学”的文学传统的过程中，利维斯其实是在强调和强化了英国民族的经验主义传统。我们可以从“利韦之争”这个案例来看英国民族的经验主义传统与利维斯所强调的文学传统之间的关系。利维斯和韦勒克曾经就“文学批评和哲学”这个论题进行探讨，他们互致信件，并将信件发表在 1937 年的《细察》期刊上。在这个论题中有两组二元对立的概念，一是显在的“文学批评和哲学”②，二是潜在的“英国经验主义和欧陆理性主义”。

关于英国经验主义和欧陆理性主义，周晓亮对西方哲学中的经验主义和理性主义做出过梳理。关于经验主义和理性主义这两种理论形态的划分，有一点我们不能忽视的是，它们并不是绝对地分别只属于英国和欧

① Antony Easthope. Englishness and National Culture [M]. London and New York: Routledge Press, 1999: 88.

② 西方历史上曾经“为诗辩护”过多次，此次“利韦之争”也可以看作一次“为诗歌批评辩护”的论争。

陆，因为正如周晓亮所说，在英国的哲学中也并不是绝对地只有经验主义，完全没有理性主义，英国的哲学也同时具有这两种倾向，只不过理性主义倾向不是它的主要倾向。而且在欧洲大陆的哲学中，也不是绝对地只有理性主义，全然没有经验主义，只不过经验主义不是欧陆哲学的主要倾向。① 但是我们也要看到，这只是一种次要的、支流的划分，主流的、经典的哲学理论形态划分是指以洛克为代表的英国的经验主义和以笛卡尔为代表的欧陆的理性主义。因此，在接下来的分析中，我们主要以“英国经验主义和欧陆理性主义”这一经典主流的哲学理论形态划分为讨论基础。

在 1937 年《细察》期刊的“利韦之争”中，雷内·韦勒克先致信利维斯，他对利维斯当时的新作，也就是 1936 年出版的《重估：英语诗歌中的传统与承继》赞誉有加，他称利维斯在此书中以 20 世纪的批评家视角重写了英国诗歌的历史，体现了利维斯对文本所具有的敏锐的批评观察力和卓越的解读力。在表达了对利维斯的赞赏之后，他提出利维斯应该将自己的观点阐述得更明晰、更系统。有趣的是，韦勒克自作主张，将利维斯的观点进行了他认为的系统的归纳总结，总结如下：“你衡量诗歌好坏的‘准则’是：诗歌必须与现实有严肃的联系，必须对生活有坚定地把握，必须不能远离直接的生活，必须不能沉湎于个人梦幻中，必须不能有过度的感官感受，应该对具体感受有敏捷的体会并呈现出来，诗歌语言必须不能脱离口语，不能只有悦耳的旋律，不能只有总体性。”②接下来，韦勒克说：“我只是希望你能更抽象地表达你的观点，并希望你能意识到你所做出的道德上、哲学上、美学上的选择。”③在韦勒克的这封信件中，虽然韦勒克所用的语言很礼貌，但是似乎也在质疑利维斯，认为利维斯没有意识到自己所做的

① 周晓亮．西方近代认识论论纲：理性主义与经验主义［J］．哲学研究，2003（10）：48-53.

② Eric Bentley. The Importance of *Scrutiny*［M］. New York：George W. Stewart Publisher Inc.，1948：23.

③ Eric Bentley. The Importance of *Scrutiny*［M］. New York：George W. Stewart Publisher Inc.，1948：23.

理论选择是什么，于是一厢情愿地帮助利维斯做出理论梳理，并罗列出一连串的总结。韦勒克在总结了利维斯的文学批评准则之后，认为利维斯“对生活的关注”是因为利维斯设定了自己沿着现实主义哲学道路行进，而忽略了人类的另一条哲学道路：从柏拉图开始的理想主义哲学道路。他似乎是在告诉利维斯：你的理论选择是现实主义理论，而不是理想主义理论。他接下来对利维斯的浪漫主义诗人文学批评进行了分析。如果仔细阅读此封信件，我们不难发现，在韦勒克的分析中，跟“哲学”相关的词汇和表达出现的频率非常高，如“浪漫主义哲学”“康德思想”“雪莱哲学”“华兹华斯哲学”“印度哲学”“叔本华哲学”“雪莱神秘主义”“万物有灵论哲学”“物质主义”等。总之，韦勒克的语言表达更多的是理论性的、论证性的、演绎性的、间接性的，而这些都是欧洲理性主义的特征。

然而，对于韦勒克煞费苦心所进行的自作主张的总结，利维斯并不领情。对于韦勒克的质疑，利维斯的回复是：“我并不是一个哲学家，因此我不可能给你一个满意的理论阐释。我也不需要用哲学理论来论证自己的观点。我不认为我是一个哲学家，并不是出于我的谦逊，而是出于我的自信，我是一个文学批评家。”①在以上回复中，我们可以看出以下三点：第一，利维斯不认为文学批评一定需要以哲学理论的形式总结出系统的观点并进行论证。第二，利维斯将哲学和文学批评对立起来，哲学理论是哲学理论，文学批评是文学批评。第三，利维斯认为文学批评优于哲学，所以他用了“自信(pretension)”②这个词。

作为文学理论家，韦勒克在文学批评中使用了理性主义哲学的演绎式分析。对于演绎式分析模式，利维斯并不认同，在他看来，文学批评就是品读诗歌，品读诗歌与哲学所要求的那种阅读完全不同。他将文学批评和

---

① Eric Bentley. The Importance of *Scrutiny* [M]. New York: George W. Stewart Publisher Inc., 1948: 30.

② 利维斯所用的英语单词为“pretension”，含有如下意思：比别人更加优秀，炫耀，高人一等，自命不凡。此处，笔者译为“自信”，但还不足以表达出利维斯对于理论的贬抑程度，以及利维斯对自己是一个文学批评家的优越程度。

哲学认定为两个区别甚大的学科："哲学是'抽象的'(因此韦勒克博士要求我用更抽象的方法来论证我的立场)，而诗歌是'具体的'。诗歌中的语词并不需要我们去思考和判断，而是需要我们感受和融入——体验语词所传递的一个完整的经验。诗歌要求的不仅仅是一个系统的反应，而是一个更完整的反应——这种反应与判断性的、标准性的反应是完全相矛盾的。"①上述引文中的"判断性的、标准性的反应"就是指韦勒克的理性主义哲学与文学批评相结合的方式，这是一种"理论标准——个案分析"程序(procedure)，也可以说是演绎分析方式。利维斯认为这并不是正确的文学批评方式，应该被摒弃。我们还应注意到这里面的两组对立表达：思考和判断、感受和融入。这两组对立表达就是理性主义和经验主义在文学批评中的另一种呈现形式。

此外，利维斯并不认为文学批评家就不具备哲学家的素质和能力。他认为，哲学训练，毫无疑问能够使批评家成为一个更有洞察力和判断力的批评家，但是批评家也应该警惕一点：将哲学学科的特征强行冠到文学批评学科头上，只会带来奇怪的结果，如边界不清、焦点模糊、注意力混乱等。②

因此，对于韦勒克来说，文学批评应该在哲学理论框架下进行，先有普遍的理论，然后再有文学批评，这就是理性主义演绎模式。对于利维斯来说，虽然训练有助于文学批评，但是文学批评就是文学批评，哲学就是哲学，文学批评是感受和体验，它是私人的，具体的，不具备普遍性，这其实就是英国的经验主义模式。特雷·伊格尔顿也曾经谈到英国民族独特的经验主义思维模式，他认为，"利维斯的英文研究所持有的意识形态至少表现出这样的特点：民族语言的丰富表现和独一无二的英国经验方式有

① Eric Bentley. The Importance of *Scrutiny* [M]. New York: George W. Stewart Publisher Inc., 1948: 32.

② Eric Bentley. The Importance of *Scrutiny* [M]. New York: George W. Stewart Publisher Inc., 1948: 32.

着特别密切的联系”。① 而经验与抽象的对立也从某种程度上反映出诗歌与理论的对立。“19 世纪的一位评论家曾经说过，英国人的抽象思维能力极差，但是有写诗的天赋。”②

从“利韦之争”我们可以看出，这场争论其实是英国的经验主义哲学与欧陆的理性主义哲学在文学批评论争中的表现形式。理性主义代表欧洲大陆，经验主义代表英国。利维斯强调经验主义的文学，折射的是对欧洲大陆理性主义哲学的不认同。虽然利维斯本身不承认自己是哲学家，可是我们知道这只是另一种隐含形式的哲学，是英国经验主义哲学的表征，它的对立面就是欧洲大陆理性主义哲学。特雷·伊格尔顿曾引用经济学家凯恩斯的话，说道：“那些厌恶理论或者声称没有理论更好的经济学家们只不过是在为更古老的理论所控制而已……敌视理论通常意味着对他人理论的反对和对自己理论的健忘。”③有趣的是，这与利维斯声称自己是反哲学家的行为有相似之处。如果我们套用伊格尔顿的话，可以说，利维斯敌视哲学，通常意味着对他人哲学的反对和对自己哲学的健忘。在这场“利韦之争”中，利维斯的论争立场所反映的是其对欧洲理性主义的否定，我们需要注意的是，在利维斯“对哲学的否定”中，重点不在于理性主义哲学，重点在于理性主义哲学属于“欧洲大陆”。在表层上，利维斯以“文学批评”和“哲学”这一对概念为论争对象；在深层上，是将“英国”和“欧陆”作为对立概念在进行探讨和分析。因此，实质上，利维斯的敌视哲学，是在敌视“欧陆的”哲学的同时肯定“英国的”哲学。我们可以说，在对英国经验主义的隐晦的肯定和赞同过程中，利维斯在实际效果上，抬高了文学和文学批评的地位，提升了文学的社会影响力，这是民族认同信念和文学社会影响

① 特雷·伊格尔顿．历史中的政治、哲学、爱欲[M]．马海良译．北京：中国社会科学出版社，1999：186.

② 特雷·伊格尔顿．历史中的政治、哲学、爱欲[M]．马海良译．北京：中国社会科学出版社，1999：194.

③ 特雷·伊格尔顿．二十世纪西方文学理论[M]．吴晓明译．北京：北京大学出版社，2011：6.

力之间的互动机制。

2.1.2 强调英国文学的独特艺术观

在对其他国家文学传统的价值判断中，我们也可以看出利维斯对文学作品的评判标准是能否凸显“英国性”。其中“为生活而艺术”还是“为艺术而艺术”是英国文学传统与法国文学传统的区别之一。利维斯对法国文学传统中的“为艺术而艺术”的贬抑，突出了英国文学传统中的“为生活而艺术”这一点。

在 19 世纪的欧美文学中，法国和俄国的现实主义文学备受推崇，这两个国家出现了一大批杰出的作家，从法国的司汤达、巴尔扎克、福楼拜到俄国的普希金、陀思妥耶夫斯基、托尔斯泰，这些作家都经历了时间的检验，在世界文学史上占有非常重要的位置。但是利维斯则在其文学批评中，对法国和俄国的文学进行明显的贬抑，以此衬托英语文学、英国文化乃至英伦民族的优越性，提升英国国民的民族认同感。接下来，我们以法国为例，来看利维斯文学批评中的民族认同尺度。

法国的巴黎是法国的政治中心，也是法国乃至整个欧洲的文化艺术中心，现在，提到巴黎这个城市，人们会把它与高雅、精致、时尚等词汇联系在一起，连巴黎女人的内在生活态度、外在穿着等都透露着高贵气息，有着淡淡的优雅和令人难以抵抗的魅力。巴黎并不是当今时代才成为高雅的象征，一直以来，巴黎都是欧洲的文化中心。在法国，巴黎以外的省被称为“外省”。这个词本身就意味着巴黎才是代表了最好文化的中心地带。程巍在其作品《中产阶级的孩子们：60 年代与文化领导权》中对“外省(province)”这个词进行了分析，他写道：“你如果不幸是法国外省人，有一点文学才华，而且想描写外省生活，那你最好把写字台搬到巴黎的某套房子里，因为据说唯有巴黎才有文学生活。”此外，“外省还具有国际意义。在 20 世纪 20 年代，尽管美国无论如何都应该算是西方的政治和经济中心，但美国的艺术家们却感到自己生活在美国这个可怜的外省，如果不去文化中心巴黎或伦敦朝拜一下，就抖落不掉身上的乡土气。”①

既然法国巴黎和英国伦敦都是欧洲的文化艺术中心，虽然伦敦作为文化艺术中心，在时间上比巴黎要晚，那么二者作为竞争对手，如果要分出个高下好坏、孰优孰劣，谁更胜一筹呢？在利维斯看来，法国巴黎的文学圈子名不副实，有严重的缺陷。在《伟大的传统》中，利维斯多次将法国式文学与英国式文学进行对比，用贬低和蔑视的语言对以福楼拜为代表的法国文学进行描述。

古斯塔夫·福楼拜被认为是现代主义小说的先驱人物，他在文学形式方面的创造力使其成为文学史上享有盛名的文学家。福楼拜在写作上反对传统的写作方式，他强调科学的、客观的写作方法，类似解剖学般的、如实验室数据一样的精确性，使其在文学界标新立异，独树一帜，在文学史上占有非常重要的一席之位。而利维斯则认为这种文学形式以“为艺术而艺术”为指导精神，也就是“为形式而艺术”，这远远脱离更宏大的旨趣，脱离人性关怀，因此，福楼拜不足以成为伟大的文学家。利维斯认为，伟大的英国小说家们都对文学形式非常关注，也都是非常具有原创性和独创性的天才，但是这种对文学形式的关注显然和福楼拜式的文学形式不一样，因为这种形式是为生活服务的。既然福楼拜被人们推崇的闪光点在于其“文学形式”上的创造力，那么对于法国文学代表人物福楼拜的批评分析，利维斯也就“文学形式”这一点来展开。

利维斯批判福楼拜的宗旨在于：“为艺术而艺术”远远不如“为生活而艺术”高尚和伟大。“为艺术而艺术”是法国式的文学创作特点，而“为生活而艺术”则是英国式的文学创作特点。到底哪种文学创作方式更好？纵观整个文学批评史，这只是两种不同的文学创作精神而已，世界上和历史上并没有一种绝对权威说哪种方式就更好。而且在英国文学界，也有 18 世纪末 19 世纪初的以华兹华斯为代表的浪漫派，还有 19 世纪末的以王尔德为

① 程巍．中产阶级的孩子们：60 年代与文化领导权[M]．北京：生活·读书·新知三联书店，2006：121.

代表的唯美派，都是关注文学形式本身的文学流派，“为生活而艺术”并不是英国文学的全部，“为艺术而艺术”也不是法国文学的所有。利维斯当然不是对英国文学代表人物威廉·华兹华斯和奥斯卡·王尔德视而不见，只不过利维斯认为他们所代表的文学形式不应该属于英国文学的伟大的传统。利维斯的这个逻辑其实经不起仔细推敲，他只选择有利于自己论证的材料，并没有客观全面地考虑所有的材料。这个逻辑似乎如同以下逻辑：当基督徒向上帝祷告时，如果祷告的愿望实现，则是上帝的恩惠，如果基督徒的愿望没有实现，则是基督徒本人的问题，他对上帝不够真诚。因此，跳出利维斯的论证本身，我们可以说，利维斯的文学价值判断的标准就是：对提升英国民族认同有益的，就是好的，对提升英国民族认同无益的，就是不好的，即便它属于英国文学，也在本质上不属于好的和伟大的英国文学，不是英国文学的精髓，不能代表英国文学。

利维斯认为“为生活而艺术”这种方式更优越，并将这个优越性只赋予给英国文学伟大的传统，认为这是英国文学独有的，法国文学则没有。在谈到英国的文学形式和法国的文学形式时，利维斯写道：“英国小说家关注的形式与福楼拜关注的形式形成鲜明的对比。”“D. H. 劳伦斯评论福楼拜是一个远离生活的人，如同人们远离麻风病人一般，后来的唯美派作家们也以一种虚弱的形式代表了福楼拜所保持的堕落的英雄主义，也就是‘形式’和‘风格’都只为自己服务，他们主要的关注点都是为了给自己所选的主题冠上一个漂亮精致的形式而已。”①在用一连串带有否定性的价值评判的形容词来描述法国式“形式”之后，利维斯考察了乔治·艾略特作品的形式和风格，他称，《艾玛》这部作品拥有“完美的形式”，在于《艾玛》代表了一种道德关切，这种道德关切体现了小说家对生活的独特关怀。接下来，利维斯说英国伟大的小说家们“与福楼拜对生活的厌恶、鄙夷、厌倦不同，他们有着杰出的、富有活力的、包容生活的经验能力，那是一种虔

① F R Leavis. The Great Tradition［M］. New York：New York University Press，1969：8.

诚的、开放的、对待生命的态度，一种值得称赞的强烈的道德”。① 在描述英国伟大的小说家们对待生活的态度时，利维斯用了“杰出的”“富有活力的”“虔诚的”“开放的”“令人称赞的”等带有强烈褒义色彩的词汇，而在形容福楼拜对生活的态度时，他使用的是“厌恶”“鄙夷”“厌倦”等贬义词汇，以此来抬升伟大的英国小说家的优秀品质：对生命的热爱。

不仅以福楼拜为代表的法国文学，在利维斯眼中是令人鄙夷的对象，以巴黎为代表的法国文化圈，虽然它是令无数文学艺术家向往的文学艺术圣地，对利维斯来说，也是根本不值得朝拜的地方。除了福楼拜之外，利维斯对法国文学圈中其他作家的贬损还包括马塞尔·普鲁斯特，他在评价塞缪尔·理查德(Samuel Richardson, 1689—1761)时，顺便对普鲁斯特的作品进行了负面评价，他说理查德“固然也不乏意趣可以示人，但那意趣本身却狭隘至极，内容甚少翻新；读者欲窥其妙，相应——不，绝对——必备无尽闲暇，结果是普遍望而却步(不过，很难说我不会宁读两遍《克拉丽莎》也不看一遍《追忆似水年华》呢)”②。利维斯认为理查德的作品不具备意趣，不值得花太多时间来阅读，只有具备无限闲暇时间的人才有可能去读。利维斯的这句评价似乎带来一个画面，当读者实在闲得无聊时，拿起这本书，仍然不会提起兴趣，只能放下。而即便理查德的作品如此不值得阅读，也比法国人普鲁斯特的作品要好，因为他愿意读两遍理查德的《克拉丽莎》，也不愿意看一遍这部被誉为20世纪最重要的现代主义文学作品之一的普鲁斯特的《追忆似水年华》。

利维斯对法国巴黎文化圈的厌恶在《伟大的传统》中第一章被体现得淋漓尽致，这与利维斯对亨利·詹姆斯的喜爱也是紧密相连的。利维斯引用了亨利·詹姆斯写给他的哥哥心理学大师威廉·詹姆斯(William James, 1842—1910)的信件中的一段话，其中，亨利·詹姆斯在谈到法国文学和

① F R Leavis. The Great Tradition [M]. New York: New York University Press, 1969: 9.

② F R 利维斯. 伟大的传统[M]. 袁伟译. 北京：生活·读书·新知三联书店，2009：7.

法国巴黎对自己的影响时，写道：

“你所说的，我的作品中有法国式的写作技巧，毫无疑问，这个说法很公正，也应该被注意到。但是奇怪的是，这些写作技巧长久地、不停地侵蚀我，它太厚重，以至于变成了令我对法国式思想开始厌烦的壳，最终，它就像一件衣服，从我身上掉落下来。我已经不再希望与法国的东西有关联了，我开始完全转向英语。我希望我只从英国生活中获取滋养，我只希望我能接触到英国思想者们——我多么希望我认识几位英国思想家啊。而法国巴黎的那种轻松、散漫、舒适的生活，我宁愿明天把它们全部推翻，来换取我在英格兰土地上待一小段时间的生活。我从巴黎那里没有得到任何重要的收获……虽然我对巴黎剧院倒是很熟悉。”①

除此之外，詹姆斯在法国巴黎生活过一段时间之后，对巴黎这个城市的评价也很低。在珀西·拉伯克（Percy Lubbock，1879—1965）②整理的《亨利·詹姆斯信件》中，詹姆斯对法国巴黎圈的不屑溢于言表：

“在巴黎，他安顿下来了……他开始接触了伊凡·屠格涅夫、古斯塔夫·福楼拜、艾德蒙·龚古尔、阿尔冯斯·都德、盖伊·莫泊桑和左拉等人。但是接下来的信件表明，在巴黎生活一个冬天之后，亨利·詹姆斯开始怀疑巴黎是否能成为他这样一个美国人安顿、生根、发展的地方。他发现这个文学圈与外部世界的影响力相连，它似乎排斥除了自己之外的一切文化。有一次，他看到屠格涅夫和福楼拜讨论都德的《杰克》，詹姆斯不无讽刺地说，这三个作家都没有读过乔治·艾略特的《丹尼尔·德隆达》，或者他们三者的英语都不够好，读不懂《丹尼尔·德隆达》。”③

在上述引文中，亨利·詹姆斯对英格兰生活的向往、对法国巴黎文化

① 转引自 F R Leavis. The Great Tradition [M]. New York: New York University Press，1969：12。

② 珀西·拉伯克是英国文学家、批评家、散文家。他的文学理论作品《小说的艺术》在 20 世纪 20 年代非常有影响力。

③ 转引自 F R Leavis. The Great Tradition [M]. New York: New York University Press，1969：14。

圈的厌倦，跃然纸上，难怪利维斯对詹姆斯如此喜爱，因为一个享有国际声誉的心理分析文学大师也和自己一样，如此热烈地认同英格兰、英国生活、英国文学、英国民族文化，如此明显地轻视巴黎、巴黎生活、巴黎文化圈、法国民族文化，这正与利维斯本人的好恶一致。贬低一个看起来是人人仰慕的文化圈所在地巴黎，这对于抬高一个在文化上本来处于相对边缘地位的英格兰，是非常奏效的。利维斯将其好恶，从文学批评出发，延伸到了生活领域、扩大到了文化范围、拓展到了民族范畴，亨利·詹姆斯的文学和文化好恶倾向，对利维斯来说，无疑是帮助他证明英国民族和语言伟大性和优越性的有力佐证。

2.1.3 凸显英国文学的独特风格

英语文学与古希腊罗马文学，孰优孰劣？在利维斯的文学批评中，英语文学代表了一种鲜活的、细腻的英国性风格，而以拉丁语为主要文学语言的西方古典文学，也就是古希腊罗马文学，代表的是一种死亡的、浮夸的欧洲性风格。如果一部英语文学作品，不能体现鲜活细腻的英国民族文学传统，则不是优秀的作品，这在利维斯对英国文学作品中的西方古典文学因素的贬斥中清晰可见。

西方古典文学一直是欧洲文学界汲取营养的重要源泉，也是欧洲大学教育中的重要的学科之一，对古希腊罗马文化的推崇也是西方知识界的传统之一。古希腊被罗马帝国占领之后，作为一个兼容并蓄的庞大帝国，罗马学习、吸收和继承了古希腊文化，并将古希腊文化较好地保存下来，同时，罗马结合自身的民族特性，在希腊文化的基础上发展了罗马文化，使古希腊和古罗马文化一起成为西方的“古典”文化。从词源学的角度来说，“古典的”(classical)这一词在西方语言中，除了有“年代久远”的意思之外，还有“经典的”“优质的”“上乘的”含义。因此，在西方学术界，“古典文学”就代表着最经典、最佳的古代文学。西方古典文学主要是指古希腊罗马文学，用来对比后来的中世纪时期文学、文艺复兴时期文学、启蒙运动时期文学、浪漫主义文学、现实主义文学、现代主义文学、后现代主义文学等不同时段具有不同特色的文学流派或思潮。西方的古典文学是一个既代表了古代时间阶段的时间概念，也是一个代表了希腊罗马民族特色的民族概念，还是一个代表了经历大浪淘沙之后的西方文学作品的经典和优秀程度概念。

在西方社会，对西方古典文学的褒扬和称颂是无论上层阶级还是下层阶级都习以为常的事情，但是利维斯则反其道而为之，在他的文学批评作品中，对西方古典文学的颂扬很少能见到。究其缘由，这与利维斯文学批评实践背后暗含的民族认同意识形态诉求密切相关，希腊罗马的文学和文化不是英国民族的文学和文化，对希腊罗马文学文化的推崇并不利于构建英国民族精神，对提升英国民族荣誉感并无裨益。

拉丁语源自希腊语，是古希腊罗马文化在欧洲得以承继的语言载体，也是欧洲神职人员和学者们得以交流的语言媒介。虽然拉丁语现在被称为“死语言”，但是拉丁语在欧洲的高地位和高权威仍然存在。拉丁语版的《圣经》仍然被看作权威版本，在基督教的传统官方仪式中，拉丁语仍然是被使用的语言。在中世纪之前，拉丁语版《圣经》几乎只有神职人员才能读懂，这就意味着只有神职人员才能解释基督教，普通基督徒必须通过神职人员才能与上帝进行沟通和连接。因此，能读懂拉丁语是宗教阶层与其他阶层分开的标志之一，拉丁语以及以拉丁语承载的古典文学意味着高贵、典雅和优越，与下层普通大众关联不大，下层人民只能远观之。

古典文学的权威地位使拉丁语成为权威语言，这在知识界和宗教界都是毋庸置疑的。在拉丁语普遍受到推崇的年代，在大众很难企及拉丁语的年代，在拉丁语被供在神坛的年代，利维斯却鲜少给拉丁语正面评价，他将拉丁语视为一个不能唤起民众情感的死语言，一门不能与人类当今社会相关联的遥远的语言。表面上看来，利维斯对拉丁语的负面评价在于拉丁语的时代有效性，而利维斯对拉丁语时代有效性的批判是源于时代有效性本身还是源于拉丁语和英语的关系呢？在我们仔细爬梳利维斯的文学批评作品后，可以看到，暗含在这些作品中的评判标准：利维斯对拉丁语的贬抑，在于拉丁语是异族语言，它不是英语。否定被一直供奉在神坛上的贵族才能接触的拉丁语，同时不断暗自肯定一直被看作是庸俗的民众使用的英语，将拉丁语拉下神坛，同时慢慢地将英语推上神坛，提升英国民族语言的荣誉度，以此凝聚英国民众民心，提升英国民族自信，增强英语民族认同，才是利维斯的心系所在。

1936年，利维斯发表《重估：英语诗歌中的传统与承继》(*Revaluation: Tradition and Development in English Poetry*)，这是继1932年之后利维斯发表的关于诗歌的第二部重要论文集。1932年，利维斯发表了他的第一部关于诗歌的论文批评集《英语诗歌新方向》(*New Bearings in English Poetry*)，其中主要是对20世纪诗歌的批评，他认为只有T. S. 艾略特才能在现代诗歌领域带领大家走向正确的新方向。时隔四年，利维斯返回过去，对20世纪之前的诗歌进行评价，《重估：英语诗歌中的传统与承继》这部作品所批评的诗歌的创作时间范围框定在17世纪至19世纪。在利维斯发表第一部关于现代诗歌的批评集时，他就在构思这一部批评集，对利维斯来说，过去与现在不可分割，只有看清过去的传统，才能有更广阔和更全面的视野，来更清楚地了解他所处的20世纪的诗歌现状，也才能更好地判断未来的正确走向。在这部作品中，利维斯认为17世纪的英国诗人可以连成一条智性之线索，经由18世纪初亚历山大·蒲伯(Alexander Pope)传递到18世纪中下叶英国的奥古斯都时期，可惜奥古斯都时期的英国诗人并没有很好地承继17世纪的智性传统，因为他们没有表现出时代的活力，最后再传到19世纪初的三位浪漫主义诗人。他在对这十几位诗人进行批评的过程中主张诗人和传统应该在一起。而传统到底是什么？利维斯制定了这个传统，不属于这个传统的就不是好的诗歌。我们可以看到他在其他作品中也经常谈到的“活力(vitality)”“具体(concrete)”“时代(times)”等词汇，同时还可以看到利维斯对于英语和拉丁语的好恶，这在利维斯对弥尔顿的批评中体现得非常明显。

在《重估：英语诗歌中的传统与继承》这部作品中，利维斯将弥尔顿的诗歌专辟一章来进行分析。约翰·弥尔顿(1608—1674)是17世纪英国才华横溢的文学家，他被认为是英国文学史上最具影响力的文学家之一，他不仅是文学家，还是政治斗士，他重要的文学作品包括《失乐园》(*Paradise Lost*)、《复乐园》(*Paradise Regained*)和《力士参孙》(*Samson Agonistes*)，他重要的政治作品有《论出版自由》(*Areopagitica*)(1644)、《论国王与官员的职权》(*The Tenure of Kings and Magistrates*)(1649)，他的文学作品和政治小册子都为18世纪的启蒙运动奠定了基础。1660年，英国查尔斯二世登上王位，封建王朝复辟，弥尔顿被捕入狱，后由于眼疾，其得以出狱。在政治生涯结束之后，虽有眼疾，他通过口述的方式，创作文学作品。弥尔顿的晚年生活以撰写以上提到的著名的三部文学作品为主，这三部文学作品都是以基督教或者以古希腊神话中的故事为题材，而且都是以争取自由为文学主题，可以说，弥尔顿在政治上失败之后，他在文学领域继续为英国人民争取自由权力而奋斗。从某种意义上来说，利维斯和弥尔顿有相似之处，弥尔顿的文学作品和利维斯的文学批评都是以英国人民的福祉为出发点，而且两者对于这项事业都表现出异常的执着和坚持，但是由于弥尔顿在文学作品中所表现的拉丁语化却使利维斯对他负面评价远远大于正面评价。

利维斯在引证了米德尔·顿穆雷(Middleton Murry)、艾伦·塔特(Allen Tate)和T. S. 艾略特对弥尔顿的负面评价之后，描述了自己阅读《失乐园》的感受，并给出了如下评价："对于能读诗歌也会写诗歌的人来说，我们不喜欢弥尔顿，是因为我们不喜欢他的诗篇，他的诗篇不能激发起我们高度的感官感受，也不能给我们带来美好的完美世界。即便是在《失乐园》的前两章也是如此，虽然在这两章中，神话还是生动的，我们还会钦佩弥尔顿壮丽宏伟的风格，但是在阅读几百行诗句之后，我们不满的感觉越来越强烈。最后，我们甚至开始抗拒，抗拒这沉重的诗篇。"①利维斯在给出负面评价的时候，用的主语是"能读诗歌的我们"，这其实是在告诉读者，能读诗歌的人一定会和他有同样的感受，那就是弥尔顿的诗歌韵律过

① F R Leavis. Revaluation: Tradition and Development in English Poetry [M]. Middlesex: Penguin Books Ltd., 1964: 43.

于沉重、风格过于宏大。这也与弥尔顿喜欢使用拉丁语相关，由于弥尔顿的拉丁语熟练程度与英语相当，他能够游刃有余地使用拉丁语创作文学作品，但是在利维斯看来，这并不是一件值得称颂的事情，这会让弥尔顿诗歌给人一种与拉丁世界相联系的的感觉。对于拉丁语，利维斯和其他人不一样，他并没有对拉丁语这门语言持尊崇态度，反而持戒备态度，利维斯说："不管弥尔顿的拉丁语语言能力有多么令人羡慕，将英语拉丁化是另外一回事，弥尔顿的诗歌在学校是'强化课程'，而学习拉丁化的诗歌将会使学生付出代价，而这个代价却很少被人们感知。"①从这句话中我们可以看出以下强烈的对比，一方面，弥尔顿的诗歌被作为学校的强化课程，这体现了大众对于拉丁语的推崇和肯定态度，以及社会对弥尔顿的赞赏；另一方面，利维斯却说这会让社会付出代价，而且很少有人知道这个代价的存在。显然，利维斯认为，将诗歌拉丁化并不是一件好事，那么利维斯所说的将弥尔顿的诗歌作为学校的强化课程所带来的这个代价指的是什么呢？我们可以推论，这个代价是拉丁语对英语的侵蚀，利维斯所害怕的不是拉丁语本身，而是"英语拉丁化"这个现象。

罗根·史密斯(Logan Pearsall Smith，1865—1946)认为，在英语中引入拉丁语这种语言，带来了语言的不规则性和特异性，这给英语带来了别样的吸引力，这也使读者能够享受一门我们所不熟悉的古老的语言带来的美好，同时拉丁语也解释了为什么弥尔顿的诗歌有如此精妙的效果，因为他将希腊语或者拉丁语的语言结构融入了英语诗篇。② 显而易见的是，史密斯先生对弥尔顿诗歌中的拉丁化现象给予了高度评价，英语拉丁化使英语读者能欣赏到一门遥远的古代语言的魅力，这是一件对英国读者来说多有裨益的文学现象或者语言融合现象。但是利维斯并不认同这一观点，他认为弥尔顿的拉丁化并不止于偶尔的、间或的、零星的令人愉悦的语言惊

① F R Leavis. Revaluation：Tradition and Development in English Poetry [M]. Middlesex：Penguin Books Ltd.，1964：50.

② F R Leavis. Revaluation：Tradition and Development in English Poetry [M]. Middlesex：Penguin Books Ltd.，1964：50.

喜，而是一种毫无止尽的无休止的状态（unremitting），这种拉丁化是一种持续的对英语习语的排斥。利维斯认为，弥尔顿英语诗歌中的拉丁化程度"如此地彻底，如此地惯常，这展现出了弥尔顿对于英语词语顺序、结构、重音的脱离，也导致他写出来的诗歌总是晦涩难懂，我们需要读好几遍他的诗篇才能了解这些诗篇所表达的东西是什么，这仅仅是因为弥尔顿忘记了英语这门语言。在这里，有一个非常重要的观点需要表明：在培养和形成这种完全系统的对英语语言本身特质的冷漠态度时，弥尔顿丧失了他的诗篇中的生动性的所有可能性（forfeit all possibility），精致与细腻在他的诗篇中完全不会出现"。① 以上这个观点非常直白，虽然众所周知，任何语言都可能产生伟大优秀的诗歌，但是，利维斯毫不讳言地表达了他的态度：对英语的冷漠和脱离，就是弥尔顿诗歌的缺点。他甚至用了"丧失了所有可能性"这个短语来表达英语语言本身的纯洁性对于英语诗歌品质优劣的重要性。因此，英语拉丁化不是像其他的文学批评家所评价的那样，是弥尔顿的优点和可取之处，在利维斯看来，将英语拉丁化是弥尔顿的错误行为，它意味着弥尔顿的语言远离英语，而弥尔顿作为一个英国人，作为一个有影响力的英国人，这意味着更多的损失。这个损失也就是利维斯先前所提到的很少有人感知的代价。拉丁语的影响力越大，则意味着英语的影响力减弱，这是利维斯和其他想要提升民族语言荣誉度的批评家们不愿意看到的，英语语言本身就是英国民族主义者们对诗歌价值评判的标准之一。

利维斯对莎士比亚和邓恩的诗歌颇为赞赏，他认为弥尔顿和阿尔福莱德·坦尼森（Alfred Tennyson，1809—1892），还有艾德蒙·斯宾塞（Edmund Spenser，1552—1599）属于一个类别的诗人，弥尔顿深深地影响了坦尼森；而莎士比亚和邓恩（John Donne，1572—1631）则属于利维斯所欣赏的另一个类别的诗人，这是两个完全不同的类别。利维斯对邓恩的赞赏不在于邓

① F R Leavis. Revaluation：Tradition and Development in English Poetry［M］. Middlesex：Penguin Books Ltd.，1964：50.

恩是玄学派诗人，不在于邓恩的玄学派代表作品，至于弥尔顿为什么不能与莎士比亚和邓恩成为一类人？为什么不能成为他所褒扬和赞赏的一类文学家？这个文学批评的判断标准是什么？我们可以从利维斯对邓恩诗歌的分析来窥见一二。利维斯分析了邓恩的一节诗以表明弥尔顿诗歌中所缺乏的英语纯粹性特质，同时肯定了邓恩拥有的这个英语纯粹性特质：

在高高的山上，
崎岖且陡峭，真知就站在那儿，
如果谁要获得真知，
一定得去追寻，去追寻
如果山峦突然要阻挡，
也要继续追寻，
在死亡的微光来临之前，
因为在死亡的夜晚，
心灵在沉睡，
没有人能够再追寻。

我们可以看看英文版的这一节诗歌，来感受一下邓恩所使用的英语：

On a huge hill,
Cragged and steep, Truth stands, and hee that will
Reach her, about must, and about must goe;
And what the hills suddenness resists, winne so;
Yet strive so, that before age, deaths twilight,
Thy Soule rest, for none can worke in that night.①

① F R Leavis. Revaluation: Tradition and Development in English Poetry [M]. Middlesex: Penguin Books Ltd., 1964: 52.

邓恩的这首诗讲述了对真理的追寻过程，我们可以看出，邓恩所使用的英语通俗易懂，没有宏大壮阔的风格，也没有艰深晦涩的词汇，利维斯认为这才是英语诗歌应该有的模样，这就是利维斯所强调的值得欣赏的诗歌的特质，显然弥尔顿的诗歌没有这种特质，他评价道："这就是莎士比亚式的英语，也可以说，这就是英语用法——英语最有特色的、最精髓的用法。这些词语表达的意思就是它们本身，很显然，一个读者在阅读这节诗的第二行和第三行诗，就能够清晰地感受到诗节所呈现出来的意象和画面。"①利维斯在以上这个评价中说，这是莎士比亚式的英语用法，也就是说，这是好的英语用法，接下来他用非常肯定的口吻直截了当地表示，这就是英语用法。因此，对于利维斯来说，英语的正确用法如下：直观清晰，通俗易懂。而拉丁语显然不属于此类语言，拉丁语是贵族的语言，不是普通大众能接触到的语言，只有英语是与生活中的语言相接近的语言，是通俗易懂的语言。所以，我们可以说，当利维斯将"通俗易懂"视为判定诗作优劣的标准时，其实是将英语作为判断诗作优劣的标准。

利维斯对弥尔顿的负面评价或许受到了 T. S. 艾略特的影响。1952 年，利维斯发表批评文集《共同的追求》(*The Common Pursuit*)，这本文集的名字也源自艾略特的文章，其中所提到的追求，指的是对真正判断的追求(the common pursuit of true judgement)。艾略特批评弥尔顿的诗歌主要在其音乐性，音乐性强的诗歌最适合慷慨激昂的朗读(declamation)。他说"弥尔顿的诗歌太注重文字的韵律和朗读性，但这是文字层面的，不是思想层面的，也就是说，读弥尔顿的诗歌时，读者们所感受到的主要是语言文字媒介本身的音韵，对于声音部分，我们能够得到满足，这是弥尔顿诗歌给我们带来的最大的满足"。② 利维斯显然很认同艾略特对于弥尔顿诗歌缺点的分析，弥尔顿的诗歌仅仅在文字和声音层面有所成就，但是弥尔顿诗歌

---

① F R Leavis. Revaluation: Tradition and Development in English Poetry [M]. Middlesex: Penguin Books Ltd., 1964: 52.

② F R Leavis. The Common Pursuit [M]. Middlesex: Penguin Books Ltd., 1952: 18.

的成就仅仅在于此范畴，在思想层面则乏善可陈，这反而体现了弥尔顿诗歌的局限性。不过，利维斯将艾略特的这种分析更进一步延伸到民族语言的层面。利维斯认为，这种音韵上的慷慨激昂的特点对于利维斯来说并不是一件值得称赞的事情，这源于弥尔顿音韵上的成就与异国语言相关。利维斯接下来将艾略特所谈到的文字层面和思想层面的观点与语言联系起来，他说“弥尔顿的风格，总是最大程度上地改变日常语言——通过用陌生的异国的习语来改变语言结构——这对18世纪的人们来说并不是什么非常奇怪且令人不舒服的事情，这种模式，就是可以让人联想到滔滔不绝的雄辩口才，这种口才能够带来一种慷慨激昂的语言感受，而且这种感受不会让人感到不安和别扭”。① 陌生的异国的拉丁语能改变日常语言的结构，会给诗歌带来恢弘的气势和振奋昂扬的感觉，利维斯也承认，这不会给18世纪的人们带来别扭的感受，不过这并不意味着普通民众的感受是对的，这对利维斯来说并不是正确的判断，批评家的判断不同于普通读者的判断，批评家的判断才是正确的判断。毕竟拉丁语是外国的语言，不是英国的语言，于是在利维斯的诗歌批评里，慷慨激昂便不再是好的诗歌特质，即便很多人称颂，即便大部分人也不会感到不安和别扭，利维斯却会感到不安和别扭，对利维斯来说，有拉丁语元素的弥尔顿诗歌模式不是好的诗歌模式。

弥尔顿的诗歌模式影响力极大，除了18世纪的人们赞赏弥尔顿诗歌，也喜欢诵读弥尔顿诗歌之外，他的诗歌也影响了19世纪的坦尼森和浪漫派诗人华兹华斯、雪莱、济慈等。在谈到弥尔顿的影响力时，利维斯说道：

“19世纪的坦尼森风格能非常清楚地说明弥尔顿在维多利亚时代的主导作用——因为我们可以在坦尼森身上看到维多利亚时期的主要文学潮流。坦尼森和济慈身上的弥尔顿元素与斯宾塞相关，而且如艾略特所说，坦尼森有一种特别的天赋，他知道关于英语诗人将韵律拉丁化的一切诗作

① F R Leavis. The Common Pursuit [M]. Middlesex: Penguin Books Ltd., 1952: 19.

技巧，也知道如何更好地感知文字的声音。使英语更加贴近意大利语，这是坦尼森给自己制定的伟大目标，而且坦尼森诗歌的音乐性(他对声音的重视、对语词的重视，而不是思想的重视)是他最特别的主要特质。但是他像弥尔顿一样，只专注于音乐层面，他希望能成为最大的圣人般的诗人。在坦尼森这儿，我们可以看到他从弥尔顿那儿继承的两个文学遗产：将思想用贵族式的措辞(nobly-phrased)来表达，将道德态度用洪亮的韵律声音(sonorous verse)(对声音的重视)来呈现，这两种倾向作为一种严肃的诗歌表达方式而被接受。"①

从这些批评中，可以看出，弥尔顿的诗歌模式被 18 世纪和 19 世纪的诗人广泛接受和竞相学习模仿是不争的事实，这说明了弥尔顿诗歌的非凡影响力。但是利维斯认为，弥尔顿诗歌的影响力主要在于以下两个特质，一是贵族式的语言措辞，另一个是洪亮的韵律声音。这本无可厚非，音乐性本是增加诗歌魅力的一个重要侧面，也是诗歌的一个重要组成部分，贵族式的语言措辞和洪亮的韵律声音，这两个特质都可以是优秀诗歌的一部分，被大众或者其他诗人接受也是自然而然的事情。可是在上面这段引言中，利维斯用了两个括号，在括号里面分别加上了这样的注释，第一个注释是：弥尔顿对声音的重视、对语词的重视，而不是思想的重视；第二个注释是：对声音的重视。这两个注释暗含的是对声音和韵律的不屑和否定，以及对思想的抬高和肯定，这种注释强调的是音乐性和思想性的对立面，似乎音乐性和思想性是不能同时存在于弥尔顿的诗歌中的。其实音乐性和思想性并不矛盾，两者可以同时存在于一个优秀的文学作品中，但是利维斯在此处对弥尔顿的评价，所暗含的前提条件是，音乐性上的成就意味着思想性的缺失，而思想才是比音乐更重要的范畴。利维斯对音乐性多用贬抑的语气，于是坦尼森的诗歌中音乐性反而成了一个缺陷，而这个缺陷是坦尼森将英语尽量贴近拉丁语的行为所导致的。

---

① F R Leavis. The Common Pursuit [M]. Middlesex: Penguin Books Ltd., 1952: 29.

从利维斯对弥尔顿诗歌的分析和评价中，我们可以清晰地感受到他对拉丁语的反感，与其说利维斯不喜欢拉丁语，不如说利维斯对拉丁语持有戒备和警惕态度，这种警惕不是源于利维斯对拉丁语这门语言本身的害怕和恐惧，而是对英语这门英国民族语言的独立性和自主性建构的需求，拉丁语和英语的融合会侵蚀英语的本土性和自身特性，会使英语变得不纯粹，虽然我们知道英语本身就不是纯粹的，一直以来，它本身就融合了法语、德语、拉丁语等各种欧洲语言。① 总之，利维斯对拉丁语的打压和贬损体现的是英语民族语言的自主性和荣誉性建构的需求，而英语语言的自主性和荣誉性建构的需求体现的则是利维斯所心系的英国民族认同的需求。

2.2 彰显文学伦理凝聚认同感

黑格尔认为，"国家②是伦理理念的现实——是作为显示出来的、自知的实体性意志的伦理精神"。③ 因此，国家民族认同与伦理理念之间一直存在着重要的联系。同样，文学与伦理两个领域也相互交叉，存在着重要的关联。张德旭认为，"马修·阿诺德、F. R. 利维斯和莱昂纳尔·特里林等人继承了亚里士多德的文学伦理观"④，因为他们注重文学作品中的伦理价

① 英语从来就不是纯粹的，本尼迪克特·安德森曾对英格兰语言的个案有详细的考察："在诺曼人政府的英格兰以前，宫廷、文学和行政的语言是盎格鲁-萨克逊语。在其后的一个半世纪中，所有皇室的文书基本上是用拉丁文写成的。在大约 1200 年到 1350 年之间，这个国家的拉丁文被诺曼人的法语所取代。与此同时，从这个外来统治阶级的语言和被统治臣民的盎格鲁-萨克逊语的缓慢融合之后产生了早期英语。这一融合使这个新的语言得以在 1362 年之后继之而起，成为宫廷——以及国会——所使用的语言。"参见本尼迪克特·安德森．想象的共同体——民族主义的起源与散布[M]．吴睿人译．上海：上海世纪出版集团，2011：41。

② 此处的国家也就是 nation 这个词，也就是民族。

③ 黑格尔．法哲学原理[M]．范样，张企泰译．北京：商务印书馆，2018：289.

④ 张德旭．西方文学伦理学批评：脉络与方法[J]．东北大学学报(社会科学版)，2016(2)：209-214.

值，并把作品的道德主题看作人文教育的重要组成部分，用以指导人生。亚里士多德诗学观中的文学伦理观强调“正是文学与现实、故事人物或读者之间的模仿对应关系，悲剧主人公的行动才能使观众或读者产生同情，引发怜悯和恐惧，从而净化心灵，提升美德”。① 沿着这一人文传统，作为承继亚里士多德人文主义伦理观精神的利维斯，在对文学作品进行批评的过程中非常强调作品是否能彰显与人的社会生活相关的文学伦理②精神，是否能传播文学的伦理价值，并对英国国民起到教诲的作用。

黑格尔在《法哲学原理》中曾经对伦理和道德③之间的关系进行过清晰扼要的论述：“Moral 是指个体品性，是个人的主观修养与操守，是主观法；ethics 是指客观的伦理关系，是客观法。Ethics 一旦化为个人的自觉行

---

① 张德旭．西方文学伦理学批评：脉络与方法[J]．东北大学学报(社会科学版)，2016(2)：209-214.

② 根据张德旭的梳理，文学的伦理批评分为两种：一种是人文主义文学伦理，一种是解构主义文学伦理。人文主义文学伦理是基于亚里士多德的诗学观，即强调文学伦理中的人文价值，也就是文学中的伦理对于启发和教育现实社会中的人的道德品行的作用。解构主义文学伦理则是基于解构主义哲学家们对伦理问题的思考和争辩，将文学行为中的伦理主体从文本修辞转向读者，更加强调读者的能动性和读者的阅读责任，认为有责任的读者，也就是好的读者，应该尽量进行自我约束和压制自己的主观投射，更强调读者与叙事本身之间的互动关系，这与人文主义文学伦理中所强调的叙事与读者之间的现实意义上的道德教训这种直接对应关系，差别很大。人文主义文学伦理中，读者是更加被动的；解构主义文学伦理中，读者是相对主动的。参见张德旭．西方文学伦理学批评：脉络与方法[J]．东北大学学报(社会科学版)，2016(2)：209-214。

③ 虽然伦理和道德这两个概念经常被混为一谈，但是二者之间是有区别的。关于伦理与道德之间的关系，邹渝曾经做过精彩的区分和辨析，他认为“道德是指人们在社会生活中将‘做人’应当遵循的原则和规范(即道)内化为自己的个体人格品质(形成德性)，然后再通过自己的自觉行为释放(德行)达到有益于他人和社会，同时也有利于自己完善自我人格品质和提升人生境界的精神需要的主体性追求的行为”。他认为伦理则侧重于反映“人们在社会生活中客观存在的各种社会关系，以及如何保持这种社会关系，使之处于一种和谐和融洽的状态之中”。伦理更加强调社会中的客观关系，道德更加强调个人的主观自觉，两者之间是先有伦理，再有道德，道德依据伦理而发生，道义以伦理为前提。参见邹渝．厘清伦理与道德的关系[J]．道德与文明，2004(05)：15-18。

为，变为一个人的内在操守，即为 moral，moral 以 ethics 为内容。”①因此，文学作品中所倡导的伦理关系是否符合利维斯对于民族德性的要求，并以此凝聚民族认同感，也是利维斯一直秉持的批评标准。利维斯在文学批评的过程中，将能够体现特定文学伦理的作品挑选出来，形成一系列作品集，并赋予其伟大的英国文学传统作品之地位。一部文学作品在文学批评家的眼中能否成为经典，批评标准都有所差异。在利维斯这里，英国社会中的英国民族伦理价值的体现就是利维斯的批评标准之一。

文学作品中所呈现的社会应有的伦理规范由特定时期的特定伦理环境所影响或者决定，而民族认同感在利维斯所处历史阶段是时代急需的，利维斯的文学批评也反映了他所持有的伦理维度的民族认同标准。此外，文学作品中的具有悲剧高度的审美体验，肯定了英国民族所需要的社会伦理秩序，是传播和加强民族认同感的途径之一。利维斯在其特定的时代背景中有其特定的文学批评标准，具有黏合民族感情功能的伦理规范强调牺牲奉献、舍个人为集体、重视共同体利益的伦理规范，能凝聚民心；具有悲剧精神审美高度的伦理体验强调责任和担当，能强化民族认同感。

2.2.1　具有黏合民族感情功能的伦理规范

文学批评中的文学伦理观念的建构具有时代性，利维斯对于虚构作品，也就是小说中的伦理道德②功能非常重视，这与其在特定时代社会

① 转引自邹渝．厘清伦理与道德的关系[J]．道德与文明，2004(05)：15-18。

② 黑格尔认为，道德发展的最高阶段，“是良心与善，在这个阶段，道德不是达到别的目的的手段，道德自身即是目的。它所追求的不是福利而是善良。从主观方面说，道德意志已不表现为故意和良好动机，而是作为具有普遍性和无限性的道德的自我意识和良心”。参见“黑格尔著《法哲学原理》一书评述”．贺麟，载黑格尔．法哲学原理[M]．范扬，张企泰译．北京：商务印书馆，2018：16。而伦理则是超越道德的。“主观的善和客观的、自在自为地存在的善的统一就是伦理，在伦理中产生了根据概念的调和。其实如果道德是从主观性方面来看的一般意志的形式，那么伦理不仅仅是主观的形式和意志的自我规定，而且还是以意志的概念即自由为内容的。”也就是说伦理是高于道德的，因为“道德的东西不能自为地实存，而必须以伦理的东西为其承担者和基础，”在黑格尔看来，“道德仅仅具有主观性的环节”而已。参见黑格尔．法哲学原理[M]．范扬，张企泰译．北京：商务印书馆，2018：185-186。

转型期间的社会情感需求，也就是民族认同情感需求密切相关。郑晓明认为，代表了“社会主流价值取向的因素”就是时代标准。也就是说，当社会处于稳定时期，所有的社会因素都应该用来推动构建稳定的社会，而当社会处于非稳定期，也就是转型期时，社会因素则应该用来推进更合理的社会的建构。① 因此，不同的时代背景会影响批评家们的批评标准。

“不同的时代有其不同的伦理观念和道德准则，因此文学批评的标准也就不断发生变化，以便同时代保持一致。”②文学批评标准中的时代标准是指“批评主体基于时代问题而发问进而求解的过程中凝聚而成的标准，因此这是一个文学批评的社会生成性标准”③，“社会转型时期的伦理道德价值建构是具有当下性的现实问题”。④ 也正如聂珍钊所说，在“不同伦理环境和道德条件下的同一事实，我们可以发现不同的伦理价值”⑤，因此在英国民族遇到内忧外患的危机时代，在英国受到商业主义和消费主义影响而民族传统情感逐渐瓦解的时代，将英国国民的感情黏合在一起的社会伦理规范就显得尤为重要，而文学作品中所倡导的伦理规范能够影响民众在社会生活中的伦理。对利维斯来说，能够提供黏合英国民众感情功能、提升民众民族认同感的伦理规范的文学作品就是好的文学作品。

个人与民族所应该呈现的关系体现了一个社会中的伦理规范和伦理观念。黑格尔说，爱国心是指“做出非常的牺牲和行动的那种志愿”。它“本质上是一种情绪，这种情绪在通常情况和日常生活关系中，惯于把共同体看作实体性的基础和目的”。⑥ 国家民族需要团结的力量，在特定时期，这

① 郑晓明．文学伦理批评的四个标准[J]．沈阳师范大学学报(社会科学版)，2019(2)：14-18.

② 聂珍钊．文学伦理学批评导论[M]．北京：北京大学出版社，2014：103.

③ 郑晓明．文学伦理批评的四个标准[J]．沈阳师范大学学报(社会科学版)，2019(2)：14-18.

④ 郑晓明．文学伦理批评的四个标准[J]．沈阳师范大学学报(社会科学版)，2019(2)：14-18.

⑤ 聂珍钊．文学伦理学批评导论[M]．北京：北京大学出版社，2014.

⑥ 黑格尔．法哲学原理[M]．范样，张企泰译．北京：商务印书馆，2018：304.

种对于爱国心的情绪需求更加突出，这种个人与民族共同体之间的伦理规范强调的是，在个人与民族的关系中，个人对于国家民族的牺牲出自自我主动意愿的情绪，这是特定时期的特定伦理环境中的伦理规则。黑格尔认为爱国心是一种“政治情绪，作为从真理中获得的信念和已经成为习惯的意向”。① 在利维斯眼中，乔治·艾略特的文学作品中便含有此种克己奉献的牺牲精神。除此之外，艾略特本人能够成为伟大的英国文学也与她的克己奉献精神密切相关。

关于克己奉献精神的伦理规范，我们可以从利维斯对《弗洛斯河上的磨坊》(*The Mill on the Floss*)②中女主人公麦琪的批评分析中看出来。在文学批评家的眼中，麦琪被广泛认为是道德文学家乔治·艾略特所塑造的一个能够在诱惑面前隐忍克己的道德典范人物。“隐忍克己是她的个人历程和日常沉思冥想的主题。”③

但是，文学批评家莱斯利·斯蒂芬对此颇有异议，他认为在《弗洛斯河上的磨坊》中，麦琪与斯蒂芬·盖斯特④的感情是此部小说的一个败笔，对麦琪的道德伦理进行了否定，认为乔治·艾略特笔下的精神崇高的道德典范不应该与灵魂不堪的斯蒂芬·盖斯特陷入堕落的感情，这玷污了麦琪一贯以来隐忍克己的道德形象。莱斯利·斯蒂芬感叹道：

> 我们忍不住要为麦琪的命运感到遗憾；直到最后一刻，她都是如此地让人动容，如此地引人注目。但是我也禁不住希望第三部分的内容要是没有就好了…… 我真的希望富有魅力的麦琪能够不要陷入那无

① 黑格尔．法哲学原理[M]．范样，张企泰译．北京：商务印书馆，2018：303.

② 《弗洛斯河上的磨坊》是乔治·艾略特早期作品之一，作品讲述了在维多利亚时期，弗洛斯河畔一个磨坊之家的故事，其中的女主人公磨坊主的女儿麦琪的情感是此部小说的情节主线之一。麦琪这个人物被普遍认为具有艾略特的自传色彩。乔治·艾略特是玛丽安伊文思为自己起的一个男性化的笔名，《弗洛斯河上的磨坊》被认为是艾略特对自己的童年和青春时期的回忆。

③ F R 利维斯．伟大的传统[M]．袁伟译．北京：生活·读书·新知三联书店，2009：55.

④ 斯蒂芬·盖斯特曾经是麦琪表妹的男友。

关的堕落中。①

莱斯利·斯蒂芬一方面肯定了麦琪精神生活中的克己主题，认为麦琪仍然是一个富有魅力的麦琪；一方面又不能理解麦琪对斯蒂芬·盖斯特的感情，他忍不住希望艾略特在接下来的故事构建中将此情节改变。莱斯利·斯蒂芬只能将此情节的安排看作乔治·艾略特情节安排的疏忽和败笔，并为此感到惋惜。

而利维斯对此得出的结论是，这个情节安排中偶发的、令人惊讶的麦琪的弱点和堕落的描写正好能够体现乔治·艾略特本人的隐忍克己精神，利维斯说："麦琪在情感和精神上的压力，她对崇高的渴望和隐忍克己，自然都把稚嫩身心的诸多特征悉数呈现了出来，其中包括混乱和不够成熟的判断评价；这些都属于人的心智在某个发展阶段中的自然现象，其实，人尚无力做些根本性的分辨甄别，而要有此能力，条件之一就是能够镇定客观，但在这个阶段，这个条件也是无法企及的。"②利维斯不认为这是乔治·艾略特作品中的道德败笔，反而体现了乔治·艾略特本人的一种隐忍的精神，对人性中的稚嫩弱点的领悟恰恰也是乔治·艾略特成熟的智性的体现。他认为"乔治·艾略特以一颗温柔同情之心表现了这种稚嫩"。③

麦琪在经过了无数次的内心挣扎之后，最终还是选择放弃了与斯蒂芬·盖斯特之前的感情。利维斯认为，麦琪的行为"超越了一切冲突和平常乏味，是伴随着一种不可抗拒的理想化的自我奉献精神而来的"。④由此，麦琪与斯蒂芬·盖斯特之间的情感纠葛，体现的是人性中的一个稚嫩的过程，而在稚嫩之后，麦琪仍然选择了自我牺牲的奉献精神。利维斯认

---

① F R Leavis. The Great Tradition [M]. New York: New York University Press, 1969: 40.

② F R 利维斯．伟大的传统[M]．袁伟译．北京：生活·读书·新知三联书店，2009：56.

③ F R 利维斯．伟大的传统[M]．袁伟译．北京：生活·读书·新知三联书店，2009：56.

④ F R 利维斯．伟大的传统[M]．袁伟译．北京：生活·读书·新知三联书店，2009：60.

为不仅麦琪是一个道德典范人物，乔治·艾略特更是一个能够“凭想象之力分享高尚的热忱和自我奉献精神”的伦理规范制定者。

隐忍克己的自我牺牲精神在乔治·艾略特的小说中经常出现，而这种牺牲精神也是奉献精神的体现，当它成为社会伦理规范时，便对民族情感起到凝聚作用，这对于民族认同力的提升很有助益。因此，文学中的有助于民族认同的伦理因素也是利维斯批评标准中的尺度之一。

2.2.2 具有悲剧精神审美高度的伦理体验

朱光潜认为，亚里士多德有关悲剧的“净化说”，即“实在带有社会的道德的考虑”，而且“悲剧的主要的道德作用绝不在情绪的净化，而在通过尖锐的矛盾斗争场面，认识到人生世相的深刻方面”。① 悲剧是比喜剧更有审美高度的文艺形式②，悲剧模仿的对象是比一般人更好的人物，而喜剧模仿的对象是比一般人较差的人物。③ 悲剧能激发哀怜和恐惧的情绪，从而使听众的心灵得到净化，而且悲剧的净化作用“有益于听众的心理健康，也就有益于社会”。④ 亚里士多德在谈到悲剧人物的性格时，曾说塑造悲剧人物时，“最重要的是，人物的品性应该是善良的”。⑤ “悲剧人物应该是比一般人更优良的人物，我们应该向优秀的肖像画家学习，因为他们画出一个人的特殊面貌，既与原来的人相似，又比原来的人更美。”⑥

悲剧给人们带来的“善”的审美是迂回曲折的，正如俄狄浦斯王因为过失弑父娶母，本是大逆不道的行为，但是这是在他不知情的情况下的行

① 朱光潜．西方美学史[M]．北京：商务印书馆，2011：96.

② 关于悲剧和喜剧在审美快感的区别方面，亚里士多德认为：“不同种类、不同性质的文艺激发不同的情绪，产生不同的净化作用和不同的快感。例如悲剧所产生的快感只是哀怜和恐惧两种情绪净化后的那种特殊的快感，亚里士多德屡次把它叫作‘悲剧的快感’，并且指出它是悲剧所持有的，至于写善恶报应所生的快感以及写滑稽性格所生的快感就只宜于喜剧而不宜于悲剧。”参见朱光潜．西方美学史[M]．北京：商务印书馆，2011：97。

③ 朱光潜．西方美学史[M]．北京：商务印书馆，2011：98.

④ 朱光潜．西方美学史[M]．北京：商务印书馆，2011：96.

⑤ 亚里士多德，贺拉斯．诗学诗艺[M]．北京：九州出版社，2007：57.

⑥ 亚里士多德，贺拉斯．诗学诗艺[M]．北京：九州出版社，2007：59.

为。而当他在查明杀害前王凶手的过程中，隐约知道自己可能就是凶手的情况下，并没有放弃追查，他有面对承担自己过失和错误的勇气，当最后真相水落石出时，俄狄浦斯王按照法令裁决了自己，戳瞎了自己的双眼，并将自己放逐邻国。俄狄浦斯对自己的惩罚体现了当时的社会伦理禁忌，反衬了至高的社会伦理秩序，索福克勒斯对于《俄狄浦斯王》的情节设定更加肯定了在家庭伦理观念中，传统的有助于共同体稳定以及社会和谐的父子关系、母子关系、夫妻关系才是应该推崇和宣扬的。悲剧正是通过这种并非直接，而是迂回曲折的形式，让观众体验到社会应有的伦理规则，更好地认知伦理禁忌。家庭是小型共同体，民族是大型共同体，它们的伦理规则在本质上相通。而通过文学作品中的具有悲剧精神高度的审美感受过程，能使受众更加强烈地得到特定伦理环境中的伦理体验。

如努斯鲍姆所说："文学作品真正把人类当作人而非动物或物品对待，而且蕴含着对灵魂的尊重，我们才能从作品中发现审美情趣，而且作品的审美性与伦理性必定有所关联。"①英国民族需要稳定的社会凝聚力量，具有悲剧高度的审美体验肯定和传播了英国民族所需要的社会伦理秩序，其中家庭伦理显得尤为重要。社会由家庭组成，家庭是国家民族的基本组成因子，个体家庭伦理观念从很大程度上反映了整体民族伦理观念，家庭传统也是民族传统的具体体现。因此，毫无疑问，家庭凝聚力强大意味着民族凝聚力强大，在家庭情感逐渐趋向淡薄的商业消费主义时代，稳定的家庭成员关系也能够帮助维护和稳定民族成员之间的关系。在阅读文学作品的审美过程中，感受这种特定伦理体验，有助于民众在潜移默化的阅读中得到心灵的净化和影响，对英国民族共同体具有更强烈的认同。

利维斯认为："悲剧提高我们的生活意识，将我们从自身的局限中解脱出来，使我们认识到，价值通过某种方式而由死亡来界定和得以确认。艺术因此总是援助生活，服务于生命的自发—创造的完满性。"②浸润在具有悲剧高度的伦理体验中，能帮助读者摆脱狭隘的自我局限，提高生活意

---

① 转引自周莉莉．韦恩布斯小说伦理学研究[D]．江西师范大学，2018：79。

② 雷纳·韦勒克．近代文学批评史(1750—1950)(第五卷)[M]．杨自伍译．上海：上海译文出版社，2009：414.

识，由此，生发出更宽容的对待生活的态度。利维斯在评价英国文学作品时，往往对这种具有悲剧审美高度的作品的捕捉力非常敏感，如他认为，在乔治·艾略特的作品《费利克斯·霍尔特》(*Felix Holt*)中，特兰萨姆太太“最终被塑造为一位达到悲剧高度的人物，这是乔治·艾略特的伟大成就”。①

在关于《费利克斯·霍尔特》的文学评论中，评论家们主要的评论对象是主人公，也就是政治激进分子费利克斯·霍尔特，而在利维斯的评论中，他费笔墨最多的不是此部小说的主人公，而是特兰萨姆夫人。特兰萨姆夫人在早年与其家庭律师马修·哲明有过一段感情经历，并生下了私生子哈罗德，在其后的生活中，特兰萨姆夫人作为一个有着高贵气息和女王般气质的女人，一直承受着巨大的痛苦，甚至对于母爱这份快乐，也是在压制自己感受到的压力时才能真切体验。特兰萨姆夫人的结局是悲惨可怜的，她为其过失付出了沉重的代价，可是“她从不在言语和行为中流露出屈辱感”，乔治·艾略特“对特兰萨姆夫人早年失足的处理竟然没有一点儿维多利亚时代道德家的气息”，相反，“取而代之的是一种一心一意的事实如此的率直：此乃人性，此乃事实，此乃无可变更的后果”。② 特兰萨姆夫人有过恐惧、后悔甚至绝望，但是没有愤怒的冲动和怨天尤人的哀怨。时代道德家们往往倾向于对他人进行道德指责和道德说教，而令利维斯钦佩乔治·艾略特的是，艾略特并不会仅仅进行指责和说教，而是从悲剧的高度来认知真正的道德，来体现正确的社会伦理价值观念。

利维斯分析了特兰萨姆夫人、其子哈罗德、其家庭律师哲明之间的故事，在哈罗德知道自己的父亲是哲明时而控制不住自己大打出手时，与特兰萨姆对此段罪孽的经历所反映出来的高尚克制形成鲜明的对比，利维斯评论道：

“乔治·艾略特的特点在于，她能把这样一个人变成一出真切动人的

① F R 利维斯．伟大的传统[M]．袁伟译．北京：生活·读书·新知三联书店，2009：序言。

② F R 利维斯．伟大的传统[M]．袁伟译．北京：生活·读书·新知三联书店，2009：77.

悲剧的焦点：因为当哲明被迫说出'我是你父亲!'时，哈罗德凶猛地扑了上去，转而在扭打中从镜子里瞥见了两张挨在一起的脸，而且看到了'那令人痛恨的父权再得伸张'。这一刻，哈罗德在我们眼里毋庸置疑成了悲剧的焦点。如此这般的表述，听起来或许有点儿情节剧的味道；然而在实际的文本里，它竟是绝对合情合理的——这正表明乔治·艾略特何等出色地证明了她对主题所做的具有高度悲剧意味的构思是正确的。她的特点就在于能够从道德平庸中造出悲剧来。"①

从以上利维斯对乔治·艾略特的悲剧情节构思的评论中，我们可以看出，如果说利维斯是道德批评家，那么他的道德批评超越了普通意义上的直接的道德训诫者，而是以更高的境界来看待伦理和道德，他并不推崇一种完美的道德圣人形象，而是在遇到麻烦和问题时，温和地、默默地承受，以保全大局的精神来维护自己的家庭共同体，这是一种更加令人尊重的人性的尊严。利维斯钦佩乔治·艾略特在"写到丑闻时既不神神鬼鬼地掩饰，又不大惊小怪地做一番过瘾的谴责，同时没有任何形式的伤感"。② 正如陆建德所观察到的，在《费利克斯·霍尔特》这部作品中，"利维斯由衷欣赏的是特兰萨姆太太既无感伤的忏悔，又无粗俗的复仇的冲动"。③ 因为在复仇者心中，责任都是他人的，错误也都是他人造成的，复仇者们将道德责任归于他人，而自己站在道德高地审视和仇恨并报复他人，与之相反，特兰萨姆太太所表现出来的承受和隐忍，体现了其高尚的承担责任的道德境界。

由此，乔治·艾略特的英国小说上升到悲剧高度，而具有悲剧审美高度的英国作品首先能够提升英国国民对自己民族文学的自豪感。与此同时，阅读乔治·艾略特悲剧作品时所带来的重视家庭和责任的伦理体验能够凝聚民心，提升民族认同感。

---

① F R 利维斯. 伟大的传统[M]. 袁伟译. 北京：生活·读书·新知三联书店，2009：81.

② F R 利维斯. 伟大的传统[M]. 袁伟译. 北京：生活·读书·新知三联书店，2009：序言。

③ F R 利维斯. 伟大的传统[M]. 袁伟译. 北京：生活·读书·新知三联书店，2009：序言。

2.3 品味英语艺术养成英国人

一部文学作品是否能够影响和帮助英国国民更直观地品味英语艺术，感受英语文学艺术的魅力，是利维斯的文学批评标准之一。利维斯对于英国文学作品中的“英国性”非常重视，这也意味着在利维斯眼中，传统的英国文学作品应该能潜移默化地帮助英国国民成为更具有英国民族认同感的英国国民，养成更加具有“英国性”的英国人。

从利维斯在《伟大的传统》中对亨利·詹姆斯(Henry James，1843—1916)和约瑟夫·康拉德(Joseph Conrad，1857—1924)的评述中，我们可以看出其文学批评标准是以提升民族认同为基石。利维斯认为这些杰出的英国小说家的“伟大”(great)之处在于，“他们能够唤醒一种恰当合理的甄别观念，而且他们和杰出的诗人一样，不仅能够影响和改变文学创作者和读者的艺术创作力和感受力，而且在提升作者和读者的人道意识、生活意识上也很有影响力”。① 由此可见，对于利维斯，伟大之处有别于平庸之处，关键在于“艺术”与“生活”之结合。在伟大的传统中，利维斯并未直接表述英国文学就是最好的，但是我们可以在利维斯的文学批评中看到英国文学的优越性，其重点不在于文学，而在于“英国”二字，因为他认为，只有英国文学中才存在这样伟大的传统，只有英国文学才能将“艺术”与“生活”融合在一起，对读者产生积极的影响。詹姆斯能够肯定并品味英语艺术，康拉德能够倾心并选择英语艺术，他们的作品都对英语艺术有发自内心的欣赏，应该说这个特点影响了利维斯对二者的价值判断。

2.3.1 英国文学传统培育的詹姆斯

读者初读《伟大的传统》一书，可能会诧异利维斯在第一章第一段所做出的斩钉截铁的明确论断：“伟大的英国小说家们是：简·奥斯丁、乔

---

① F R Leavis. The Great Tradition [M]. New York: New York University Press, 1969: 2.

治・艾略特、亨利・詹姆斯和约瑟夫・康拉德。"①因为在这个论断中，四个英国作家中有两位都不是出生在英国，心理小说大师亨利・詹姆斯出生在美国，海洋小说大师约瑟夫・康拉德出生在波兰。因此，读者们可能会感到困惑，认为詹姆斯和康拉德是否有资格被称为伟大的"英国"小说家。而对于利维斯来说，只要文学创作者的作品能更好地体现"英国性"，能更好地帮助读者品味英语艺术，这不仅不是个问题，相反，非英国国籍这一点能更加有力地证明英国文学的伟大性和英国文化的优越性。作为对整个欧美文学都非常了解的作家，詹姆斯和康拉德最优秀的作品都是用英语创作完成，他们没有选择法语、俄语或者波兰语来创作，这正好能反证，在欧美各语言中，两者都倾心于英语，主动选择了英语作为创作语言，因为英国文学中有其他国家语言文学没有的伟大传统：艺术与生活的结合。

利维斯所说的英国文学传统中的作者之线，从简・奥斯丁开始，到乔治・艾略特，再到亨利・詹姆斯和约瑟夫・康拉德。从"传统"这个意义上来说，这四位英国小说家并不是分割的独立的个体，后者从前者的作品中学习并发扬英国文学传统，他们是紧密联系的整体。他们四位，在时间上，有先后的延续性，在文学内核上，有同一性。在时间上，奥斯丁深深地影响了艾略特，艾略特又对詹姆斯的文学兴味产生了影响，接下来詹姆斯又影响了康拉德。因此，即便亨利・詹姆斯和约瑟夫・康拉德并非土生土长的英国人(二者都加入了英国国籍，詹姆斯于 1915 年加入英国国籍，康拉德于 1886 年加入英国国籍)。利维斯认为，他们都属于英国文学中的这个传统，因为他们从英国文学中汲取养分，认同了英国文学中所承载的对人生的兴味关怀，成为了英国文学传统的一部分，主动选择了用英语进行文学创作，并用英语将这个英国文学的传统弘扬和传播开来。因此，对利维斯来说，文学创作者是否出生在英国并不重要，用英语写作，认同并继承英国文化，肯定英国文化，传播英语艺术，才是判断其是否是伟大英国文学家的标准。

---

① F R Leavis. The Great Tradition [M]. New York: New York University Press, 1969: 1.

利维斯认为，作为一个出生和生长在纽约的人，当然，“詹姆斯的根(roots)不可能在别处，只能在美国，但是对詹姆斯来说，更与他意气相投的、更令他舒适愉悦的土壤和气候，在欧洲，而不是他出生的国度”。① 但是利维斯也力图证明，詹姆斯倾心于英国文学，并不是盲目的行为，作为小说家和文学理论家，詹姆斯曾对文学创作者们作了深入细致的研究，成为英国文学传统中的一部分，是詹姆斯对不同的文学大师们的文学技巧和文学主题进行过仔细考察之后的慎重选择，出于非常坚定的自主意愿。

“詹姆斯是这样一个小说家，他曾经仔细研究过他的同行们的写作技巧……他也曾专注于研究法国文学大师们。在他成熟的作品中，他有着非常轻松而且训练有素的技巧，没有一丝偏狭之处，而且拥有一种知道自己在同辈作家中比较优秀的淡淡的自信。如果从英国人的眼中来看，他毫无疑问是一个美国人，但是他又是一个欧洲人。不过他不可能用英语写作，而同时成为一个法语大师，而且在欧洲大陆那里找不到太多他所关注的问题的思路和办法。”②

从这些论述可以看出，一方面，利维斯不否认詹姆斯从法国文学中学到了很多关于文学技巧的知识和方法，法国文学中也有很多优秀作品和可取之处；另一方面，詹姆斯所关注的更加高远且具有深意的道德关怀在法国文学中很有限，只有英国和英国文学才具有这样的品格。詹姆斯正是在经过广泛阅读和研究之后，才发现即便是享誉盛名的法国作家福楼拜也在兴味关怀上缺失甚多，詹姆斯认为《包法利夫人》有明显的不足之处：“(此作品)存在着一种反差，形式技艺上很完善，也努力想给作品一种关怀趣味，但是不论是出于哪种成熟的评判，都只能看到作品中的道德和人性的匮乏(moral and human paucity)。”③詹姆斯本人也不否认法国文学技巧的精湛，但是他更关心的问题是人性和道德问题，这在法国文学中比较单薄。

---

① F R Leavis. The Great Tradition [M]. New York: New York University Press, 1969: 11.

② F R Leavis. The Great Tradition [M]. New York: New York University Press, 1969: 12.

③ F R Leavis. The Great Tradition [M]. New York: New York University Press, 1969: 13.

利维斯在此还顺便贬低了整个欧洲的文学艺术水平，称詹姆斯在整个欧洲都找不到英国文学才能给予他的兴味关怀方面的养分。因此，詹姆斯选择了一条与福楼拜不同的道路，追随英国的乔治·艾略特，而不是追随位于欧洲的法国现实主义文学大师。

詹姆斯是在对各国文学的研究中发现了英国文学的伟大，他从英国文学中真正了解了英格兰，从而倾心于英格兰。利维斯称詹姆斯为“一个非常典型的英国小说家，一个伟大传统的鲜活的代表人物，就像那个非常不像福楼拜的乔治·艾略特一样”。① 利维斯认为，亨利·詹姆斯从乔治·艾略特的作品里学习并收获了英国文学所独有的传统，其中之一便是对人性和人生的关怀。詹姆斯是不赞同清教主义精神的，但这并不影响詹姆斯对艾略特的崇拜。关于乔治·艾略特的清教主义背景，利维斯说“这没有什么好避讳和胆怯的，她从清教主义背景里收获的是一种非常虔诚的生活态度，一种真正的智慧所需要的深刻的严肃性，以及一种对人性的关怀，这都使她成为一个伟大的心理学家。清教主义帮助艾略特成为一个心理学家。在詹姆斯研究的所有的小说家中艾略特是心理学家，而正是这一点与詹姆斯所关心的兴味和问题紧密相关”。② 虽然乔治·艾略特被认为是一个清教主义者，但是利维斯却不认为这是一个值得诟病的事实，因为乔治·艾略特从她清教主义背景里所收获的并不是什么负面的东西，反而是一种细腻的把握人类细微心理的能力。我们都知道，詹姆斯被称为心理分析小说大师，利维斯认为自己善于把握和描述人物心理这一点源自乔治·艾略特的影响。从以上引文中我们可以看到，利维斯认为詹姆斯倾心于英国文学，赞赏乔治·艾略特，其原因在于乔治·艾略特的作品中有着符合詹姆斯所关心的两个特定领域：宏大的人类文明和细微的人类心理。

从文学创作角度的传承来说，利维斯认为乔治·艾略特与亨利·詹姆斯二者是师徒关系。詹姆斯作品中最优秀的部分受到艾略特的影响，詹姆

① F R Leavis. The Great Tradition [M]. New York: New York University Press, 1969: 13.

② F R Leavis. The Great Tradition [M]. New York: New York University Press, 1969: 14.

斯所关心的两个特定领域——宏大的人类文明和细微的人类心理，就是文学旨趣和心理描写。文学旨趣与宏大的人性关怀相关，而心理描写与具体的写作技巧相关。利维斯将詹姆斯的《一个女人的画像》和艾略特的《丹尼尔·德龙达》进行比较，认为两者之间的关联之处在于，从某种意义上来说，前者就是后者的变体，他们都体现了一种高级文明才拥有的道德伦理感受力(ethical sensibility)。"我想说的是，有伟大的传统这个事实，而且这两个伟大的小说家是高于(above)盖斯凯尔、特罗洛普、梅瑞狄斯的。在更早一些的小说家中，只有乔治·艾略特一人的作品对詹姆斯关注的问题有直接和有意义的影响。"①虽然利维斯所强调的是，詹姆斯师承艾略特，但是我们可以不费吹灰之力地感受到利维斯更想表达的一个观点是：无论是宏大的人性关怀，还是具体的心理描写，都只有英国文学才能够为詹姆斯提供文学养分，只有代表了英国文学传统的艾略特才能给詹姆斯带来教益。因此，詹姆斯在自己品味英语艺术的过程中感受到了英语艺术的伟大，进而选择将文学作品用英语创作，通过英语艺术培养英国人。

2.3.2 服膺英国文学的康拉德

约瑟夫·康拉德被很多人称为波兰人，实际上，他于1857年出生于乌克兰的别尔基切夫(Berdychiv)，应该说康拉德是乌克兰人，但是当时别尔基切夫这个城市属于波兰王国，波兰当时又是沙俄帝国的一部分，于是，也可以说康拉德是沙俄人。因此，如果从现代意义上的国家概念来判断的话，很难说康拉德是哪个国家的人，但是康拉德的父亲阿波罗是波兰的强烈的爱国主义者，他一直为波兰从沙俄帝国中脱离并获得独立而四处奔走和努力，康拉德也受到波兰文学深深的影响(他的父亲同时也是一名波兰作家)。因此，从这个意义上来说，康拉德应该算是波兰人。康拉德在少年时期曾在法国生活过一段时间，此后便在英国商船上当水手，开始自己的航海生涯。从康拉德的经历可以看出，他熟悉好几门欧洲语言，如波兰

① F R Leavis. The Great Tradition [M]. New York: New York University Press, 1969: 15.

语、法语、俄语、英语，其中英语是其最后习得的语言，据说康拉德初到英国商船上做水手时，只会寥寥几个英文单词而已。因此，虽然康拉德 1886 年加入了英国国籍，但是鉴于康拉德的出生地和其先后掌握的语言，利维斯将其称为伟大的英国小说家，很多人都会感到困惑，提出质疑。不过这对于利维斯来说，并不是问题，这只能反证英国文学的伟大。

面对质疑，利维斯从不避讳康拉德的出身。“我们必须得强调康拉德的异国性——他是波兰人，他的第一外语是法语。”①利维斯曾与安德烈·谢夫瑞林②(André Chevrillon，1864—1957)讨论康拉德为什么选择英语作为小说写作语言。作为一个研究英国文学的法国人，谢夫瑞林对英语和法语显然都非常熟悉，他说“这一点也不令人惊讶”。“康拉德作品中的主旨和趣味所需要的具体性和动作性——这是一种动态的力量——只存在于英语中。我们甚至可以进一步说，康拉德选择英语作为创作语言的原因，也是他选择成为英国商船船长的原因。”③

利维斯接下来又用了一大段的篇幅来阐述康拉德选择用英语写作的原因。康拉德的人生经验丰富，涉及多个国家，作为航海者，毫无疑问，康拉德见多识广，他却独独偏爱英语，因为英语中有一种别国语言所没有的道德传统，“他和简·奥斯丁、乔治·艾略特以及亨利·詹姆斯一样——他们是形式的创新者，他们所关心的艺术是为生活中深刻严肃的趣味服务的。”④虽然所用的词汇和句子稍有不同，其实利维斯想表达的康拉德选择用英语写作的原因和詹姆斯选择用英语写作的原因一样：英国文学是最好的，因为英国文学中的文学形式与日常生活是紧密相连的。在阐述康拉德选择英语的原因的同时，利维斯顺道赞扬了英国商船社的服务(merchant

---

① F R Leavis. The Great Tradition [M]. New York: New York University Press, 1969: 17.

② 安德烈·谢夫瑞林是法国作家，他的研究对象是英格兰和东方世界。

③ F R Leavis. The Great Tradition [M]. New York: New York University Press, 1969: 17.

④ F R Leavis. The Great Tradition [M]. New York: New York University Press, 1969: 18.

service)精神，称此种精神帮助康拉德“把控他的文学艺术，使之富有生命力”。① 换言之，相比他国文学和文化，英国文学和英国文化更好，甚至连英国商船的精神都是最好的。

从利维斯对美国人詹姆斯和波兰人康拉德选择的文学创作语言的分析来看，利维斯从反面力证了英国文学的优越性。在法国文学和俄国文学的声望远高于英国文学的年代，利维斯为了提升英国民族的文学自信和文化自信，可谓：竭尽所能，矢志不渝。

① F R Leavis. The Great Tradition [M]. New York: New York University Press, 1969: 18.

第3章　利维斯文学批评实践中的民族认同追求

文学的民族认同价值，既是可以被发现的，也是可以被创造的。一个文化概念的出现一定有其存在基础，而同时，我们可以给这个概念赋予新的特质和新的价值，这些新的元素附着在已经存在的概念上，逐渐成为这个概念的一部分。正如爱德华·萨义德在《东方学》的序言中反复强调的研究基础：东方学(orientalism)和东方性(orient)概念有两个特点，一个是被发现性(discovered)，一个是被创造性(invented)。① “被发现”是指它本身有事实存在基础，也就是从某种意义上来说，它本身就存在。“被创造”是指它本身不存在，是被创造或者发明出来的。这看上去似乎是一对矛盾的概念，它的矛盾性也是萨义德反复解释的缘由，他并不认为“东方学”这个概念纯粹只是西方学界发明出来的概念，其也有其地理意义和历史意义。因此，这两者并不矛盾。民族认同情感的发现和创造也是如此。在民族认同需求的影响下，利维斯的文学批评不断挖掘文学的民族认同价值，同时也在赋予它新的、更丰富的民族认同

① Vincent B Leitch. The Norton Anthology of Theory and Criticism[M]. New York: W. W. Norton & Company, Inc., 2001.

价值，前者致力于发现文学民族认同价值，后者侧重于重构文学民族认同传统。

3.1 文本细读批评激活民族认同立场

安东尼·史密斯将民族认同定义为："由民族共同体成员们对构成民族独特遗产的象征、价值、神话、记忆和传统等模式的持续复制和重新阐释，以及带有这些传统和文化因素的该共同体诸个体成员的可变的个人身份辨识。"①在这个定义中，我们可以看到两个相对立的表达，"持续复制"和"重新阐释"。这两个表达看似相对立，但是却不矛盾，它们代表了民族认同的稳定性和可变性这两个侧面，两者同时存在于民族认同的构建过程中。

民族认同属于集体归属认同的一种，它建立在文化认同的基础上，文化认同既有连续性也有变化性，变化性是文化认同的一个重要属性。史密斯认为，世界上存在多种集体归属认同，如种姓认同、教派认同、族群认同、民族认同、阶级认同、地域认同等。相比于阶级认同和地域认同，种姓认同、教派认同、族群认同、民族认同能带来更稳定的集体认同情感。文化共同体的稳定在于其连续性，因为"建构文化共同体的文化元素如记忆、价值观、象征、神话和传统等，日趋持久和稳固；这些文化元素就是反复出现的集体连续统和与其他集体的差异"。② 虽然文化共同体相较于其他类型的集体共同体来说是相对稳固的，但是安东尼·史密斯认为总体的文化共同体并不是实体的，也不是绝对固定不变的，它也会发生变化，安东尼·史密斯解释道，"文化认同和文化共同体就像其他任何存在物一样

① 安东尼·史密斯．民族主义：理论、意识形态、历史[M]．叶江译．上海：上海世纪出版集团，2011：20.

② 安东尼·史密斯．民族主义：理论、意识形态、历史[M]．叶江译．上海：上海世纪出版集团，2011：21.

都有变化和消融的过程，而这些变化可能渐渐积聚，也可能突然并且迅速发生”。① 无论这个变化是通过量变的过程慢速地发生，或者是到达质变的节点快速地发生。总之，文化认同中的文学传统并不只有延续和承继的一面，它也有改变和重构的一面。

3.1.1　文学民族认同价值的发现

1. 文学语言中的民族认同价值

童庆炳曾把文学语言的文内语境与文外语境的关系做了如下表述："文学语言在具体的作品中作为文本而存在，同时，它总是与社会文化形成一种‘互文性’的对话关系，揭示文学语言文本的文化意义，重点是重构语境，把文学语言文本放到语境中去把握，不但要放到文内语境中去把握，还要推展语境，放到文外语境中去把握。"②利维斯在当时的社会文化文外语境中，从英国文学文本里，发现了英语的民族认同价值。

利维斯对文学的民族认同价值非常敏感。文学语言的民族认同价值在诸多文学要素中占有非常重要的位置。德国思想家雅各布·格林③(Jacob Grimm，1785—1863年)甚至将语言作为一个民族形成的最重要的因素，他说"构成民族界限的，不是河流，也不是山脉，而只能是跨越河流和山脉的语言"。④ 从格林对民族的定义来看，语言的重要性不言而喻。当然这个定义显然是不全面的，而且似乎有些极端，因为它只承认了民族的文化意义，只承认语言的作用，而忽略了民族的政治意义以及其他文化因素。哈贝马斯也认为这个定义"初看起来带有文化主义的味道"，即便这样，哈贝

---

① 安东尼·史密斯．民族主义：理论、意识形态、历史[M]．叶江译．上海：上海世纪出版集团，2011：21.

② 童庆炳．文化诗学：理论与实践[M]．北京：北京大学出版社，2015：173.

③ 雅各布·格林是德国语言学家和民俗学家，他和其弟弟威廉格林(Wilhelm Grimm)是德国语言学的奠基人，二者著有《格林童话》。

④ 尤尔根·哈贝马斯．后民族结构[M]．曹卫东译．上海：上海人民出版社，2002：10.

马斯仍然认为“它还是归纳出了民族的实质”。① 因此，语言作为文学创作的载体以及文学传播的途径，它的影响力和价值由此可见一斑。

对利维斯来说，文学语言绝不仅仅只是文字而已，文学语言承载了一个民族的历史和文化传统，它给民族成员传递了一个民族的生活方式。在谈到文学语言在民族文化中的重要性时，利维斯说：“语言是我们文化的中心，只要我们的语言还在，从某种本质上的意义来说，我们的传统就在…… 语言中所承载的是我们精神的、道德的和情感的传统，这些传统保存了‘最精华的历史经验’，这些历史经验联系着生活中精致的关切。”②语言与过去相连，与不可追忆的往昔历史相连，共同的历史记忆能将一个民族所有的民族成员的情感联系在一起。

但是值得注意的是，利维斯所说的与往昔历史经验相关的、与文化传统相关的语言不是所有的语言，而仅仅只有文学语言才是有历史和文化传统传承价值的语言，广告语言、畅销书语言和电影语言并不能提供这种价值。如果按照语言的使用领域进行分类，我们可以将语言分为文学语言、科技语言、商业语言等，利维斯所肯定的、能带来民族认同价值的显然是文学语言。

在谈到其他领域的语言使用时，利维斯曾将文学语言与现代商业用语进行对比：“今天，我们使用的那些和广告、报纸、畅销书、汽车和电影相关的语言是致命性的。我们已经看到这些语言用法与传统语言的用法有多大的区别。因此我们可以看到使文学传统保持活力有多么重要。语言的这些现代用法并不能使语言保持活力，只能使语言变得低劣。只有文学语言才是最细腻和最精华的语言使用方式，因为文学语言能使我们碰触到我们的精神传统——那些‘最精华的历史经验’。”③现代广告用语属于商业用语，而语言的文学用法和语言的商业用法是语言两个完全不同的使用方式，不可混为一谈。语言的文学用法是高雅的、精致的，而语言的商业用

① 尤尔根·哈贝马斯．后民族结构[M]．曹卫东译．上海：上海人民出版社，2002：9.

② F R Leavis. Culture and Environment[M]. London：Chatto & Windus，1934：81.

③ F R Leavis. Culture and Environment[M]. London：Chatto & Windus，1934：82.

法是低俗的、粗糙的。对利维斯来说，现代生活中充斥着的广告、电影中的商业语言对语言本身有腐蚀作用，因为和文学语言相比，现代商业语言显然与历史、传统、文化是割裂的。现代广告用语当然不能代表民族性，汽车工业用语是全球通用的，畅销书也是大批量印刷的，它们所代表的是一种标准化工业生产所不能避免的同一性，当然不能体现民族特性和民族个性，也就不能为英国的民族共同体提供其民族独有的民族认同价值。

关于什么才是正确的文学语言使用方法，在利维斯的文学批评中，我们可以窥见一二。利维斯在《重估：英语诗歌中的传统与继承》这部诗歌批评中，将弥尔顿和莎士比亚作为两个相对立的文学参照人物，这两个参照人物不断出现在他对其他诗人的评论中，并且经常用“弥尔顿式诗歌”和“莎士比亚式诗歌”来评价不同的诗人。对于弥尔顿式的诗歌，利维斯总是用贬损的语气；而对于莎士比亚式的诗歌，他则用褒扬的语气。在评判济慈的诗歌时，利维斯称济慈的诗歌是莎士比亚式的诗歌。济慈是唯美派，更应该属于浪漫主义传统，他著名的“美就是真理，真理就是美”这句名言广为人知。济慈这句具有浪漫气息的名言，并不妨碍利维斯从中找到与现实相关的“生活”真谛，利维斯称此句名言中的“真理”意味着对现实生活的态度。① 除此之外，利维斯对济慈的肯定在于其对语言媒介的使用，他认为济慈的语言使用方式也是莎士比亚式的，在分析济慈的诗歌《秋颂》(*Ode to Autumn*)时，利维斯说：“如果一个人认为这首诗是莎士比亚式的，也就是说不是坦尼森式②的，我们可以从以下的诗节中看出来，它没有繁复华丽的辞藻。对于生活细节的丰富性描述从语言媒介的活力中可以被感受到”。

被苔藓覆盖的村舍的果树上挂满累累苹果，

① F R Leavis. Revaluation: Tradition and Development in English Poetry [M]. Middlesex: Penguin Books Ltd., 1964: 209.

② 利维斯认为弥尔顿和坦尼森是同一类型的诗人，他们的诗歌中外族元素太多，拉丁语成分太浓，坦尼森受到弥尔顿很大的影响，因此在利维斯的文学批评中，从某种意义上来说，坦尼森式的诗歌也就是弥尔顿式的诗歌。

每颗果实都熟透到果心；
葫芦饱满了，榛子壳鼓起了，
果仁香甜……①

的确，这节诗歌中并没有浪漫主义唯美派所使用的梦幻辞藻，而是与现实生活息息相关的朴实词汇，但是对于利维斯来说，这些文学语词并不只是具有表面看起来的简单和朴素，它还有其他的丰富意涵。利维斯认为这些语词拥有一种强大的力量，他说：

"被苔藓覆盖的村舍的果树"(moss'd cottage-trees)这个语言表达展示了一种力量——本土英语的力量——那些致力于将英语变成拉丁语的诗人是不会理解这种力量的。"鼓起来"(plump)这个单词也是如此，它有一种感官上的坚实度——它代表了一种能被触摸到的意象——展现了一种具体的活力，而这种活力对于坦尼森式的诗人来说是会陌生的，也是坦尼森式的诗人所不能拥有的。而这首诗则充满了这种英语语言的力量。②

"坦尼森式的诗歌"就是"弥尔顿式的诗歌"，它们让人想起华丽的拉丁语，而利维斯认为只有与生活息息相关的语言才是具有生命力和活力的，拉丁语属于远古的外族语言，当然不会与英国民众生活息息相关。从利维斯对这首诗的赞美来看，利维斯将英语看作一种具有力量的语言，而"本土英语的力量"(a native English strength)到底是什么，我们仔细阅读和爬梳这段文字，只能找到"活力"这个词，其他的只能从利维斯对坦尼森式诗人的贬抑中感受到。

我们仔细朗读这首诗歌时，会发现这些本土英语中的词汇并不唯美，

① F R Leavis. Revaluation：Tradition and Development in English Poetry [M]. Middlesex：Penguin Books Ltd.，1964：216.

② F R Leavis. Revaluation：Tradition and Development in English Poetry [M]. Middlesex：Penguin Books Ltd.，1964：216.

似乎不像文学语言，这些词汇听起来更像英国村民日常聊天使用的语言。因此，严格意义上来说，这些英语词汇更应该被归入日常语言的范畴，而不是文学语言。但是，既然它们出现在文学作品中，便成了文学语言。而且对于利维斯来说，作为对文化认同建构和民族认同建构非常重要的元素，能代表英国独特性的语言，能提升英国民族自豪感的语言就是最好的文学语言。显然，在优美高雅等方面，英语与拉丁语是无法媲美的，因为与拉丁语相比，英语的特点就是简单朴实。“优美高雅”和“简单朴实”二者到底孰优孰劣，这本是一个无法回答的问题，因为在不同的诉求面前，答案都不一样，就好比我们在菜场买菜时，我们需要简单朴实的语言和着装；在正式场合，如参加重要会议时，最好穿得体的正装。那么，在文学批评中，如何将“简单朴实”提升为一种优点，从日常语言变成具有强大民族认同影响力的文学语言呢？这就得用利维斯的文学批评魔法来赋予日常朴素的英语一种力量，使之变得具有生命的活力，使其不再普通，甚至使“其地位从拉丁语的仆人变成拉丁语的主人”①。让英语不再是下层语言，而是英国人骄傲的优于拉丁语的语言，这是利维斯在民族认同需求影响下所一直遵循的文学批评原则。

道德主题也是利维斯所发现的英国文学伟大的传统中特有的重要元素。在利维斯看来，道德性是英国文学伟大的传统所独有的品质特征，由此具有极高的民族认同价值。

卢梭曾写道：“每个民族都拥有，并且必须拥有品质特征；如果一个民族还没有自己的品质特征，那么就要开始让它拥有这样的一种特征。”②一个民族独特的品质特征对民族认同建构具有重要价值。安东尼·史密斯曾从民族认同的集体性和历史性两个方面来分析民族独特的品质特征对民族认同的价值，民族独特的品质是一个民族集体得以区分于另一个民族集体的特征，而民族独特的品质需要从此民族的历史文化传统和文学传统中去找寻。因此，“即使如此独特的文化被失落、忘却或淹没，它也能够，

---

① 孟祥春．利维斯文学批评研究[D]．苏州大学，2011：76.

② 转引自安东尼·史密斯．民族主义：理论、意识形态、历史[M]．叶江译．上海：上海世纪出版集团，2011：30。

并且必须会被发现、回忆和重见天日。民族主义者①的任务就是重新发现本民族的独特文化才华，为民众复兴其真正的文化认同”。② 因此，一个民族的独特品质特征如果被失落或者遗忘，这个民族中心系民族福祉的人文知识分子就会去寻找、发现本民族独特的才华，让它重新被重视。

作为心系英国民族安危的文学批评家，利维斯在重新发现英国民族的独特品质特征方面也做出了自己的贡献。虽然道德主义传统是英国文化批评传统的重要组成部分，但是在将道德性作为英国文学伟大的传统的重要元素这一点上，利维斯做出了不可磨灭的贡献，他甚至因此被人诟病和讽刺，称他为“道德批评家”。

比兰(R. P. Bilan)认为，利维斯文学批评最重要的特征之一就是：小说与道德的关系密切。伟大的小说是道德寓言(moral fable)，也是道德的表现形式和道德的探索方式。③ 在利维斯的小说批评中，我们不难发现，他对文学中的道德主题非常青睐，同时对现代主义作品中的荒诞主题非常反感。在批评实践中的道德主题和荒诞主题的对比使我们更清晰地看到利维斯的民族认同追求。道德能够凝聚社会力量，团结民族情谊，而荒诞只能给人们带来虚无和绝望感，只能使社会力量涣散，对增进民族成员之间的感情毫无益处。因此，呼唤道德严肃性，遴选以道德为主题的文学作品进入伟大的文学经典著作宝库，提升道德主题文学作品的知名度，也就自然而然地成为利维斯民族认同需求影响下的文学批评所暗含的目标。

被利维斯称为“伟大的英国文学家”的文学创造者都与“道德”二字相关，在《伟大的传统》中，“道德”二字的出现频率非常之高，简·奥斯丁的艺术活力是源于对道德问题的关注；乔治·艾略特的伟大之处也在于她作

---

① 关于民族主义者，不同的学者有不同的解释，大部分学者将其认为是一个贬义词，它蕴含着攻击性和侵略性，它有时也被认为是一个中性词汇。那么，如果说爱国主义者是温和的民族主义者，心系民族福祉的文学批评家们也可以被称为民族主义者。

② 安东尼·史密斯．民族主义：理论、意识形态、历史[M]．叶江译．上海：上海世纪出版集团，2011：30.

③ R P Bilan. The Literary Criticism of F R Leavis [M]. Cambridge: Cambridge University Press, 2010: 115.

品中的道德关怀；亨利·詹姆斯微妙的感受力能够牵动人性中复杂的道德神经系统；约瑟夫·康拉德的作品体现了极其严肃的道德兴味关怀。我们纵观利维斯对这些小说的分析，可以看出，利维斯对“道德主题”的青睐、对“道德严肃性”作品的偏爱溢于言表。

利维斯关注文学作品中的道德主题，他所说的道德性不是简单的道德评价，利维斯所说的道德与其他维多利亚时期的传统道德家所说的道德不同，如果说传统道德家所指的是对人类行为进行简单的孰是孰非的道德评判，那么利维斯所指的更多是对人类行为的同情心和复杂的人性关怀。因此，利维斯所关注的“道德性”富有更深刻的意味。

利维斯的“道德”意味着责任感和同情心，这两者都是出于伟大的文学家对人性的关怀。利维斯在分析《丹尼尔·德隆达》作品中的女主人公葛温德林·哈雷斯时，对“道德”有很清晰的阐释。利维斯对乔治·艾略特所塑造的葛温德林人物形象进行了细致的分析，对此部作品中的道德主题进行了很长篇幅的阐述。《丹尼尔·德隆达》是乔治·艾略特的最后一部作品，讲述了德隆达、米拉、葛温德林以及格兰考之间的爱恨情仇。葛温德林·哈雷斯是《丹尼尔·德隆达》的女主角之一，她爱上了德龙达，但是由于不能继承父亲的财产，她的生活陷入困境，于是她嫁给了自己并不爱的贵族格兰考。评论界大多认为葛温德林这个角色是个受利益诱惑的女性，而利维斯却将葛温德林这一人物形象上升到悲剧高度，并盛赞乔治·艾略特在描述葛温德林的命运轨迹及其心理复杂变化时，所展现的富有人性关怀的道德同情心。

利维斯仔细分析了格兰考向葛温德林求婚的这一段描述，葛温德林在经历了复杂的心理波动之后，说出了“是的”这两个字，答应了格兰考的求婚。在利维斯看来，葛温德林的选择“承受了两股相反的推拉力量：由格拉舍尔夫人代表的一股强大的干扰力，把她从格兰考那儿吓得缩了回来，而另一股新的力量又抵消了这股压力，把她推上前去——这就是经济的压力(葛温德林把它转换成了对母亲的责任)”。① 在与格兰考结婚之后，这

① F R 利维斯．伟大的传统[M]．袁伟译．北京：生活·读书·新知三联书店，2009：141.

桩婚姻并没有给她带来幸福，而是陷入了痛苦，但是葛温德林的“处世之道而今只意味着她会做出面不改色、镇定自若之态来承担烦恼痛苦”。① 这体现了面对生活给予的困难，利维斯所一直称道的隐忍克己的品质。

利维斯认为，乔治·艾略特并没有把葛温德林描绘成一个利欲熏心的女性，反而因为其拥有“如许的傲慢，如许的勇气，如许的敏感，如许的聪慧，却因判断失误又缺乏自知之明而身陷毁灭之境，不能自拔——葛温德林由此而成了悲剧人物……乔治·艾略特端出这些给我们看，而我们据自己的切身经验亦明白，她是在展示像人类一切行为那样的一个负有责任和道德义务的行为”。② 利维斯对葛温德林的解读是正面的、积极向上的，他把葛温德林对经济方面的诉求理解为：葛温德林的选择有一部分力量是来自对母亲的责任。而利维斯对乔治·艾略特的称颂则在于，艾略特没有以一种面对犯人般的、宽恕一切的居高临下的态度来评判葛温德林，而是以一种伟大小说家的关心人类道德价值的、恰当的方式来塑造葛温德林的形象。我们可以说，艾略特的这种方式就是富有道德同情心的写作方式，正如利维斯所称赞的：

> 她写的是人性的弱点和平庸之处，但她并不以为其卑劣可鄙，或敌视或自欺欺人地纵容之。她虽然出类拔萃而且品性高洁，但我们读她时却感觉到，在她以如此明晰而客观的想象加以描绘的人性里，就有她自己的身影在。③

从以上对艾略特的评价来看，利维斯所强调的“道德性”也意味着同情心，对人类弱点的感同身受，对人类平庸之处的包容，体现的是对人类的关怀，艾略特所代表的这种“道德性”是一种比迂腐的道德家们所持的道德

---

① F R 利维斯．伟大的传统[M]．袁伟译．北京：生活·读书·新知三联书店，2009：143.

② F R 利维斯．伟大的传统[M]．袁伟译．北京：生活·读书·新知三联书店，2009：143.

③ F R 利维斯．伟大的传统[M]．袁伟译．北京：生活·读书·新知三联书店，2009：161.

评判要高尚得多的“道德性”，由此，利维斯认为《丹尼尔·德隆达》代表了乔治·艾略特最成熟、最卓越的作品：

> 她在葛温德林·哈雷斯那里所呈现出的艺术能力已经到达至臻的纯熟境界。她对人类道德本质有深刻洞见，这种能力只属于具有高度批评才智的人…… 那些让其他批评家感到令人不满意的部分，却让我感到惊喜。她展现的是一种能自我证明的传统的道德敏感性，而且这种道德敏感性有一种自信和积极的标准，它并不拘囿于“古老的信念条规”(old articles of faith，正如亨利·詹姆斯所使用的文字表达)，而是有着完美的确信程度，但是又传递给我们纯粹的、具有启发性的智性影响力。①

我们可以看到利维斯对乔治·艾略特作品给予了高度评价，连其他批评家对艾略特不满意的地方，利维斯都能视为珍宝并夸奖一番。道德是一个古老的信条，如果为了道德而道德，就会变成迂腐的道德家。而艾略特的道德敏感性则不同，它与时代精神相联系，与外部世界相关，它源于古老的信条，却又不桎梏于古老的信条。因此，艾略特所展现的道德敏感性是一种不需要证明的、正确的敏感性。那么，道德主题的文学作品对利维斯所处的年代到底有什么作用，在利维斯对乔治·艾略特接下来的评价中，我们可以窥见一二：

> 对于当今世界的我们来说，她是一个具有独特能力的作家，是一个对道德健康有益的作家，也是一个具有启发性的作家，在我们这个道德腐化、令人沮丧的年代，在这个人们普遍不再热忱地对待古老信条的年代，有很多人都会给出简单的处方…… 那么，他们应该好好考

① F R Leavis. The Great Tradition[M]. New York：New York University Press，1969：123.

虑乔治·艾略特的处理方式。①

毫无疑问，利维斯认为他所处的时代是令人沮丧的，这个时代面临诸多问题，人文知识分子们都在寻找良方，乔治·艾略特在其具有道德主题的文学作品中所传达的道德严肃性和人性关怀才是凝聚人心、振奋精神的处方，才能解救道德腐化、令人不振的现代英国。利维斯在乔治·艾略特的作品中发现了道德主题，传递了独特的道德责任感和道德同情心，并将这种包含责任心和同情心的道德性赋予给英国文学的伟大传统，使之成为英国文学伟大传统中令英国民族骄傲的独特品质。

3.1.2 民族认同重构英国文学传统

安东尼·史密斯在谈到与民族特性有关的价值观、神话、传统模式时，提到了“重新解释”。其实这是一种在每一代都会发生的对集体传统的重新理解，这种重新解释受到外部事件、内部群体以及其他因素的共同影响。这种“族群象征的重新建构包括对先前存在的价值观、象征物、记忆等的重新选择、重新组合和重新编撰，以及由每一代人所增加的新的文化元素”。② 在这些文化元素中，传统作为民族特性和文化共同体的其中一个，它和其他文化元素一样，有其延续性，也有其变化性，它可能被重新选择、重新组合、重新编撰，从而被重构，由此，传统得以被重新组合和改造。

虽然利维斯在其批评作品中，多次提到“文学传统”，但是他从未给文学传统一个明晰的定义，或许这就是一个自称为“反哲学的理论家”的态度，他认为读者从他的作品中自然可以找到答案。谈到利维斯所重构的英国文学传统，我们不妨对利维斯的“文学传统”这个概念中的重要要素做一个梳理和归纳。

---

① F R Leavis. The Great Tradition[M]. New York：New York University Press，1969：123-124.

② 安东尼·史密斯．民族主义：理论、意识形态、历史[M]．叶江译．上海：上海世纪出版集团，2011：22.

关于传统，埃里克·霍布斯鲍姆①(Eric John Ernest Hobsbawm，1917—2012)在《传统的发明》一书中曾做了非常有洞见的思考。这本书主要侧重于探讨传统被发明和建构的这一特点，他认为“被发明的传统”也就是一整套实践活动，这套实践活动被公开接受和私下接受的特定规则“具有一种仪式或象征特性，试图通过重复来灌输一定的价值和行为规范，而且必然暗含与过去的连续性”。② 利维斯所重构的文学传统是文学创作领域的实践活动，这个实践活动暗含了一种连续性，从亨利·菲尔丁到理查德，到范尼·伯尼，到简·奥斯丁，再到乔治·艾略特、亨利·詹姆斯、约瑟夫·康拉德，然后到 D. H. 劳伦斯。在进行文学批评实践时，利维斯经常提及在文学创造过程中，这些后期作家与稍早的作家们之间的先后师承关系。

另外，埃里克·霍布斯鲍姆对传统与民族的关系也进行了思考，他认为，“‘被发明的传统’紧密相关于‘民族’这一相当晚近的历史创新以及与民族相关的现象”。③ 文学传统是传统的重要组成部分，英国文学传统也是民族象征的一部分，英国文学传统象征着英国民族这个共同体，在社会心理层面为英国民族国家提供支撑力量。

从利维斯的文学批评作品中，我们可以提炼出以下伟大的英国文学传统所包含的重要要素：现实性和乡土性。而这些都与英国的民族性相关，现实性意味着文学作品应该反映和再现英国社会现实生活，乡土性意味着文学作品中最好有乡土元素，因为英格兰乡土生活是英国民族的共同回忆。这两种文学传统要素与英国民族认同紧密相关，它们也是利维斯重构英国文学伟大的传统，重新选择和组合伟大传统代表人物的重要因素。

利维斯所说的伟大的英国文学传统是具有强烈现实性因素的传统。关

---

① 埃里克·霍布斯鲍姆是犹太裔著名历史学家和社会史学家，他在民族主义研究领域也有深入细致的研究，他的《1780 年之后的民族和民族主义》(*Nations and Nationalism Since 1780*)是民族主义研究领域的重要著作。

② 埃里克·霍布斯鲍姆，T. 兰格. 传统的发明[M]. 顾杭，庞冠群译. 南京：译林出版社，2004：2.

③ 埃里克·霍布斯鲍姆，T. 兰格. 传统的发明[M]. 顾杭，庞冠群译. 南京：译林出版社，2004：17.

于文学传统中的现实性，雷纳·韦勒克认为，利维斯非常重视现实主义艺术，这个现实主义艺术“不仅仅是指照搬或改写一个社会状态，还有就是戏剧性、客观性地再现生活，而且如同我们从莎士比亚戏剧和19世纪英国小说中所发现的情形”。“利维斯的趣味植根于19世纪批判现实主义，他还想方设法把T. S. 艾略特的早期诗作和D. H. 劳伦斯的小说片段，尤其是《虹》和《恋爱中的女人》也置于此列。他实在十分敌视可以称为现代主义或先锋派的作品。”①的确，如韦勒克所说，对文学作品中现实性的重视也就意味着对现代主义作品的敌视。现代主义作品实在是像对现实主义作品的反叛。现代主义作品标新立异，现代主义文学创作者们在创作过程中大胆进行形式上和内容上的实验和革新，而现代主义作品的新奇性和荒诞性显然是利维斯不予认可的。美国文学批评家M. H. 艾布拉姆斯(M. H. Abrahams，1912—2015)曾对现代主义作品的反传统性做出过如下表述：“现代主义不仅跟西方艺术传统，而且跟整个西方文化的传统进行有意的和彻底的决裂。”②而且现代主义者“质疑那些被认为无可怀疑的传统观念，而这些传统观念长期支撑着社会组织、宗教以及伦理道德”。③ 现代主义文学家质疑支撑着社会伦理道德的传统观念，这在一定程度上可能会造成社会组织包括社会文化的无序，这对于利维斯来说，显然是需要文学批评界警惕的一类文学作品。因此，在谈到现代主义作品时，利维斯说“对于真正严肃的对现代主义文学有兴趣的人，都不会在现代主义文学中感受到令人满意的文化秩序(culture order)”。④ 这个文化秩序需要传统观念来维持，现代主义作品并不具备展现文化秩序和维持文化秩序的能力，作为能够维持秩序和凝聚民心的文化秩序需要文学和文化传统来维持，以

① 雷纳·韦勒克，近代文学批评史(第五卷)[M]. 杨自伍译. 上海：上海译文出版社，2009：415.

② 赵一凡，等. 西方文论关键词(第二卷)[M]. 北京：外语教学与研究出版社，2006：653.

③ 赵一凡，等. 西方文论关键词(第二卷)[M]. 北京：外语教学与研究出版社，2006：653.

④ F R Leavis. The Common Pursuit[M]. Middlesex：Penguin Books Ltd.，1952：192.

文化认同为基础的民族认同也是如此，因此，不能维持文化秩序的现代主义文学也理所当然地成为利维斯所极力打压和攻击的对象之一。

除了现代主义作品之外，利维斯也对浪漫主义作品给出了较低的评价。作为与现实主义传统不同的浪漫主义传统，利维斯显然也是排斥的。如果说现实主义传统强调作者的社会意识和生活意识，那么浪漫主义作品更强调作者的精神层面和心灵感悟。如果说现实主义传统更倾向于客观性，那么浪漫主义传统更倾向于主观性，在主观性心灵感受方面，浪漫主义与现代主义有相通之处。利维斯并不否认，浪漫主义传统是英国文学传统的一部分，但是毫无疑问，浪漫主义传统并不是“伟大的”英国文学传统，而是英国文学中应该摒弃的一部分，这个传统不应该被英国民族延续和承继，因为浪漫主义传统强调个人性而不是社会性。

英国文学中的浪漫主义传统主要是源自 18 世纪末和 19 世纪初的浪漫主义文学流派。英国浪漫主义流派盛行的时期并不长，仅仅几十年而已，但是在这期间涌现出了很多享誉盛名的浪漫主义文学家，如华兹华斯、柯尔律治、拜伦、骚塞、雪莱、济慈、布莱克等人，他们的文学作品代表了英国浪漫主义的最高成就。浪漫主义传统强调的是灵感和个人天赋，与社会现实的关联微弱。“艾略特先生早期的散文可以说全部是反对浪漫主义传统的，而这个传统在他以前从未受过有效的攻击；我们试图了解文艺任何有意义的成就时，除了个人才能和内心的独创冲动之外，还有一些其他的东西需要考虑，艾略特除了个人才能和独创性之外还强调这些其他的东西。”①利维斯所说的“这些其他的东西”是什么呢？当然是与个人天赋和才能不一样的东西，或者是与个人才能相辅相成的东西，那就是与整体和外部相关的东西，也就是社会性。利维斯认为这个浪漫主义传统代表着一种模糊的不成形的气氛（an atmosphere of the unformulated and vague）②，这种传统一直很流行，而艾略特的诗歌和文学批评的出现是一个转折点，是艾

---

① F R 利维斯．文学与社会[C]//中国科学院文学研究所．现代美英资产阶级文艺理论文选上编．北京：作家出版社，1962：115.

② F R Leavis. The Common Pursuit [M]. Middlesex: Penguin Books Ltd., 1952: 183.

略特让批评家们意识到“传统”的重要性。显然，利维斯非常认同 T. S. 艾略特在其著名文学批评作品《传统与个人才能》中的观点，但是艾略特所说的“传统”与浪漫主义传统中的“传统”又是两个不同的概念，这很容易让人混淆。艾略特所说的“传统”就是利维斯所认同的正确的传统，是关注社会现实的传统，更强调的是“个人才能”的对立面，也就是具有“社会现实性”特征的传统。利维斯说，“社会性”在艾略特那里所用的类比是“心灵”（mind），这又是一个让人一头雾水的表达，因为“心灵”似乎代表主观性，而“社会”显然代表客观性。当我们仔细阅读之后，才能发现，利维斯所指的心灵，是和人类记忆相关的心灵部分，而记忆是与社会和历史紧密联系的一个概念，由此，利维斯所说的“心灵”便不仅仅是一个关于内在感受的表达，而是具有了社会性和外部性。因此，此“心灵”非彼“心灵”。它不是个人的主观心灵感受，而是与社会、历史、外界相联系的客观世界植入在心灵中的记忆。如是，利维斯赋予了此“心灵”社会性，我们可以称之为“记忆心灵”。而这个“记忆心灵”中的社会性也与民族或者国家不无关联，利维斯在援引艾略特在《传统与个人才能》中关于“心灵”的社会性的观点时，所选取的句子也与民族国家相关：“他必须意识到欧洲的心灵——他自己国家的心灵——他到时会知道这个心灵比他自己的个人的心灵要重要得多——这是一个不断变化的心灵。”①在利维斯眼中，可谓民族国家无处不在，只要出现了国家或者民族这些关键词，利维斯便非常敏感，很有可能将它们挑选出来。在利维斯的文学批评中，与个人才能相对立的社会性在民族国家的英国文学传统中凸显出来；社会现实与心灵的关系，也在现代主义思想和现代主义作品盛行的战后时期被利维斯重新阐释，获得新的意义，利维斯从而重新遴选出伟大的英国文学家，建构起英国文学的伟大传统。

在利维斯的小说批评中，虽然他没有将亨利·菲尔丁（Henry Fielding，1707—1754）列为他所说的那四位伟大的小说家之列，但是却承认了菲尔丁作为现实主义小说家开创了重要的传统，也就是现实主义传统。反映和

① F R Leavis. The Common Pursuit［M］. Middlesex：Penguin Books Ltd.，1952：184.

再现生活是现实主义小说的重要特征。利维斯所说的伟大的小说家们，从简·奥斯丁，到乔治·艾略特，再到亨利·詹姆斯和约瑟夫·康拉德，都具备了关怀现实生活这一特性，发扬了这一伟大的传统。而这一特性源于亨利·菲尔丁所开创的传统①。利维斯强调对现实生活的关注和重视，但是对生活的关注并不意味着对形式的忽视。利维斯认为，被他遴选进英国文学伟大的传统中的这些伟大的小说家们也都具备形式上的卓越能力，但是他们除了在形式上具备能力之外，还有一种特别的专注力，这种专注是福楼拜之类的作家所没有的。他借 D. H. 劳伦斯之口评价道："这种对待艺术的态度，就意味着对生活的态度，而福楼拜远离生活就好像人们远离麻风病人。"②在利维斯看来，福楼拜是将形式和生活割裂开来的文学家，因此不能成为伟大的文学家，在伟大的文学家的作品中，形式和生活并不矛盾，形式并不一定要远离生活，对生活的专注可以使形式更加完美。利维斯认为这些伟大的英国文学家们都有"一种至关重要的对经验的吐纳能力，一种对生活的虔诚的拥抱能力，一种显著的道德热忱"。③ 对生活的拥抱能力是利维斯文学批评的甄别标准之一，如简·奥斯丁的长篇小说《爱玛》就被利维斯列为具有完美结构的小说之一，因为它对生活有一种极大的兴味关怀。而利维斯英国现实主义小说对生活的关注，其实意味着利维斯对英国式生活的重视。因此，现实性不可避免地成为利维斯重新遴选伟大作家的特性之一。

对于同一个作家，不同的学者对其所属的流派可能持相反的观点，如：对于弥尔顿，美国文学批评家安妮特·T. 鲁宾斯坦（Annette T. Rubinstein，1910—2007）与利维斯的观点相差甚远。鲁宾斯坦认为英国文学源远流长的伟大传统，是伟大的现实主义作家的传统，现实主义传统"是那些莎士比亚称之为'能从现在洞察未来'的伟大作家的传统。未来总

① F R 利维斯．伟大的传统[M]．袁伟译．北京：生活·读书·新知三联书店，2009：7.

② F R Leavis. The Great Tradition [M]. New York：New York University Press，1969：8.

③ F R Leavis. The Great Tradition [M]. New York：New York University Press，1969：9.

是在现在的心脏底下波动。因此，最贴近时代心脏的人，也最能把握未来生活的脉搏”。① 因此，鲁宾斯坦和利维斯都将现实性作为英国伟大传统的重要要素，但是这两者对于弥尔顿的评价却大相径庭。作为在英国文学史上地位仅次于莎士比亚的文学家，在文学史著作中，弥尔顿一定有重要的一席之地。根据鲁宾斯坦的分析，弥尔顿的作品“反映现实，为现实斗争服务，他的作品才具有如此巨大的生命力”②。也正是因为米尔顿的作品反映现实，才令他在英国文学史和世界文学史上拥有崇高的地位。但是利维斯却忽略了弥尔顿作品中的现实主义因素，弥尔顿的作品是扎根于当时的社会现实斗争的，也是为当时民众的自由而服务的，因此也应该是现实主义的，但是利维斯却漠视了这一点，究其缘由，除了弥尔顿的作品中充斥着异族语言拉丁语风味之外，还有一点可能是，弥尔顿的作品离乡土气息太远。

英国文学伟大的传统也关乎乡土性。关于文学传统中的乡土性，其实就是一种地方主义，或者说是民族主义的一种呈现方式，在利维斯这里，就表现为英格兰本土主义。而乡土性同时也意味着英国民族对过去的共同记忆，这在提升民众民族认同感方面，起着重要作用。在《英国性：1880—1920年的政治与文化》(*Englishness：Politics and Culture 1880—1920*)这部论文集中，Alun Howkins 曾谈到英国性和乡村性的关联，根据他对英国性的考察，毫无疑问，作为工业革命的发源地，英格兰理所当然应该是最能代表城市性和工业性的地方，人们生活在具有城市特征的物理空间中，但是英国最理想的意识形态都被认为是乡村的，一个名为《乡村危机》的电视节目中，大部分被采访的伦敦人，都认为乡村生活更好，优于城市生活，乡村性是最理想的、最好的英国性的一部分。③ 雷纳·韦勒克也注意到了这个乡土性要素，与此特质相对应的是都市性，他认为，“利维斯

---

① 安妮特·T. 鲁宾斯坦．英国文学的伟大传统[M]. 陈安全，等译．上海：上海译文出版社，1996：1.

② 安妮特·T. 鲁宾斯坦．英国文学的伟大传统[M]. 陈安全，等译．上海：上海译文出版社，1996：V.

③ Robert Colls，Philip Dodd. Englishness：Politics and Culture 1880—1920. London：Bloomsbury Academic，2014：85.

注重英国外省的乡土传统。显然，从莎士比亚、班扬、简·奥斯丁、乔治·艾略特和 D. H. 劳伦斯的作品中，他发现了这种传统，这全是一类乡土人物，伦敦作家们，如斯宾塞、弥尔顿、德莱顿，为其提供了学问高深的都市诗歌作为陪衬"。① 与乡土气息相对立的概念是都市气息，都市让人联想到商业社会、消费社会、科技社会，而商业、消费和科技都是美国社会的关键词，因此，从这个意义上来说，美国象征着都市。

利维斯对代表都市性的美国非常警惕，这是显而易见的。雷纳·韦勒克也观察到了利维斯的反美倾向，他认为"利维斯不仅担心英国将变成美国世界的一个省份，而且畏惧欧洲和亚洲。他反对大不列颠加入欧洲经济共同体，埋怨非白种人移居英国。他的地方主义或英格兰本土主义，显然也表现在他故意忽视用英语以外的语言写作的别国文学作品"。② 利维斯对象征着都市性的美国有着非常明显的敌视态度，他认为美国潮流(American tide)是非常危险的现象。"长久以来，美国一直在危害我们的未来，而且美国化(Americanization)的全面胜利使我们这个国家的病症加速恶化，我们这个国家是美国病症的发源之地，英国的首都和英国式'知道如何做'(know-how)使美国以最快的速度修建了铁路，发展了工业主义，这正是英国带过去的，它使美国北部在美国内战中夺得了不可避免的胜利。"③在以上对美国化的分析中，利维斯认为工业化和美国化都是一种病症，当然是要排斥的，而英国的首都作为都市，作为工业主义的发源地和中心地带，也和美国一起受到批判。利维斯对于英国的工业化这一部分非常反感，对于美国这个更加工业化的国家则更加反感。利维斯对美国的反感也延伸到文学领域，他在评判美国文学时，对美国作家和美国批评家的贬低和嘲讽的口气跃然纸上。在谈到美国文明时，关于美国作家，他说"有一种观点，说美国作家们证明了美国文明的活力，这种观点是非常荒唐的。美国作家

---

① 雷纳·韦勒克．近代文学批评史(第五卷)[M]．杨自伍译．上海：上海译文出版社，2009：416.

② 雷纳·韦勒克．近代文学批评史(第五卷)[M]．杨自伍译．上海：上海译文出版社，2009：432.

③ F R Leavis. The Living Principle：English as a Discipline of Thought[M]. London：Chatto & Windus Ltd.，1975：50.

们所展现出来的仅仅是他们令人沮丧的、令人反感的知识的贫乏和智性的贫乏，这在他们的经验能力、作品的阅读满意度、作品所呈现的人类潜力等方面都是如此”。① 关于美国文学批评家，他说“至于那些具有盛名的美国文学批评家们，试图著书立说来探讨‘英国英语’的经典文学作品，但是看看他们的论调，我们可以判断，他们根本没有读懂这些文学作品的能力”。② 这句评判，几乎是对美国作家和美国批评家的全盘否定，似乎他们连最基本的阅读文学作品的能力都不过关。那么，至于谁才能读懂英国文学作品，如何才能读懂这些作品，或许在利维斯心中，只有英国的文学批评家们能读懂，或者是认同英国文化、选择英国作为国籍的美国人，如詹姆斯和康拉德，才能读懂英国文学作品。由于美国的崛起本身对英国的国家地位造成了威胁，于是都市化便成了利维斯反对美国的理由，而作为都市化的对立面，乡土性便成了利维斯非常重视的特性。由此，在对美国文学界进行批评的言论中，利维斯的英国民族认同信念可见一斑。因此，实质上，对乡村性的重视所凸显的是利维斯对都市性美国的敌视。

利维斯夫人 Q. D. 利维斯（Q. D. Leavis，1906—1981）③也对乡村生活充满了怀念，她说“一代又一代过得有声有色的乡村的居民们，除了《圣经》没有任何书籍相助。但是他们拥有真正的社会生活，他们追随着大自然节奏的生活方式，赋予他们真正的……兴趣：乡村艺术、传统手工艺、游戏和歌唱”。④ 和利维斯一样，利维斯夫人也佩戴玫瑰色眼镜来看待乡村生活，忽略了旧日乡村生活中让人沮丧的、穷困的、野蛮的一面，她认为与城市生活相比，乡村生活才是“真正的”“有声有色的”生活。这种生活能

---

① F R Leavis. The Living Principle：English as a Discipline of Thought[M]. London：Chatto & Windus Ltd.，1975：52.

② F R Leavis. The Living Principle：English as a Discipline of Thought[M]. London：Chatto & Windus Ltd.，1975：52.

③ Q. D. 利维斯是利维斯的学生，二者在 1929 年结为伉俪，抚养了两个儿子和一个女儿。Q. D. 利维斯不仅是利维斯的生活伴侣，也是其灵魂伴侣。作为工作上的伙伴，Q. D. 利维斯和利维斯在人生旅途中共同在英国文学批评和文化批评领域耕耘，Q. D. 利维斯于 1932 年出版的作品《小说与读者大众》采用了人类志的研究方法，此书的很多观点与利维斯的观点一致。

④ 转引自陆扬，王毅．文化研究导论[M]．上海：复旦大学出版社，2011：79。

给民众带来一种家园感。这种家园感是构建认同的重要元素，正如周宪所说："家园是一种空间的归宿。"①家园情感带着人们的童年经验给人们带来身份认同，家园情感中的亲近体验、熟悉经验不时出现，时间的流逝不会让家园感散灭，反而会加强人们对家园的眷恋和思忆。

利维斯夫妇对乡村英格兰的无限怀念，还因为它是最能代表英国文化的社会。17 世纪的乡村英格兰还没有被工业革命污染，17 世纪之后，英格兰逐渐被城市气息所侵蚀，铁路联通了各个城市，乡村的范围越来越少，英格兰越来越没有旧日的模样。对 17 世纪乡村英格兰的追忆和怀念，也体现在利维斯对 17 世纪玄学派诗人的喜爱上。在上一节中，我们曾谈到，利维斯对英国文学中的浪漫主义传统是非常排斥的，但是拥有浪漫主义特质的玄学派诗人，如邓恩和马维尔，利维斯却赞不绝口，给予高度评价，因为他们是 17 世纪英国诗人的代表人物。除此之外，利维斯认为 D. H. 劳伦斯继承了英国文学的伟大传统，是伟大传统中的重要人物，这也与劳伦斯所表现出的英格兰本土主义思想有所关联，在《有机社会的遗失》(*Loss of Organic Community*)一文中，利维斯引述了劳伦斯对 17 世纪有机乡村英格兰的一段富有感情的怀旧呼喊：

> 英格兰，我的英格兰！但是哪里才是我的英格兰呢？那端庄美丽的英格兰，那将我们与伊丽莎白时代连接起来的英格兰呢？那些漂亮的旧日教堂大厅，那些过去美好的安妮女王时代和汤姆·琼斯时代。但是煤灰从空中落下来，将以前的灰土村舍覆盖了，美丽的村舍被覆上了一层煤灰的黑色，不再美好，慢慢地那些古老庄严的房子都被遗弃了…… 这就是历史，一个英格兰抹去了另一个英格兰…… 工业的英格兰抹去了农业的英格兰，一种意义代替了另一种意义，新的英格兰取代了旧的英格兰。②

旧日的英格兰温情脉脉，宁静美好，安逸舒适，而新的英格兰则被煤

① 周宪．文学与认同[J]．文学评论，2006(6)：5-13.

② F R Leavis. Culture and Environment[M]. London：Chatto & Windus，1934：94.

矿污染，变得愈来愈丑陋。① 工业革命对能源的需求，带动了煤矿业的蓬勃发展，与此同时，也给生态环境和旧日的生活方式带来了沉重的打击。利维斯对劳伦斯的英格兰本土主义赞誉有加，他称劳伦斯有令人叹服的天赋，而且劳伦斯将其天赋奉献给英国人民，不遗余力地让民众觉醒，使他们清醒地意识到他们正在失去什么。但是对于工业革命所带来的生产力的提高和民众物质生活水平的提高，利维斯则采取视而不见的态度。18 世纪之前的民众生活水平低下，贫困率和死亡率都非常高，但是利维斯似乎选择性忽略这些负面信息。他的 17 世纪乡村英格兰蒙上了一层玫瑰色的面纱，现在被煤灰色的面纱覆盖，这折射出的是利维斯对资本主义工业革命的敌视。

利维斯在其专门论述劳伦斯作品的批评集《思想、文字和创造力：劳伦斯的艺术和思想》(*Thouhgt, Words, Creativity: Art and Thought in Lawrence*)中，对劳伦斯的作品赞誉度极高。我们如果阅读劳伦斯的作品，不难发现他的大部分作品都是以劳伦斯本人的故乡英格兰中部的乡村地区为背景，劳伦斯在讲述英格兰故事的同时，怀念旧日英格兰乡村生活，批判资本主义工业文明，这显然与利维斯的偏好一致。我们不能否认劳伦斯的文学艺术成就，但是就利维斯对劳伦斯无以复加的赞誉来看，劳伦斯作品中的乡村性特质，是利维斯将其遴选进英国文学伟大传统的重要理由之一。

---

① 劳伦斯对于丑陋的英格兰的描述如下，“车子向前艰难地掘进，沿着长长的、散乱的、肮脏的达瓦斯哈镇，这儿的房子都是黑黑的，黑石板的屋顶尖角在闪闪发光，地上的泥土也因为煤灰而变得黑黑的，道路也是又湿又黑的。就好像这阴郁的气息渗透进所有的东西里了。快乐的生活完全没有了，每种鸟儿和动物都有的对美丽外观的直觉也都没有了，人类直觉的感官也都没有了，这简直令人震惊。杂货铺里的肥皂块、蔬果铺里的食用大黄和柠檬，还有女帽商铺里的糟糕的帽子！都没有了，随之而来的是丑陋的，丑陋的，丑陋的，用石膏做成的有着炫目恐怖气息的电影院以及它的宣传海报，‘一个女人的爱’，以及一个大的原教旨教堂，它的砖块都是刻板的，它的窗户都是一块块发绿的像树莓一样的玻璃……”在以上描述中，我们可以注意到，劳伦斯连续用了三次“丑陋的”这个词汇来形容被污染的英格兰。参见 F R Leavis. Culture and Environment[M]. London: Chatto & Windus, 1934: 94。

由此看来，在利维斯重新选择英国伟大文学家、重新定义英国文学伟大传统的过程中，现实性和乡土性是两个重要要素。现实主义传统所强调的现实性，意味着英国现实主义小说关注当下的英国式生活，现实主义小说给读者输出的内容所包含的是英国式的生活方式，包括英国民众所能感知到的与衣、食、住、行等当下日常生活息息相关的生活语言、生活环境，这是大家共同享有的生活。共享的生活方式是共同体文化的重要组成部分。而现实主义小说对共享生活方式的重复性和持续性的输出，以及读者们对这种共享生活方式的不断输入，毫无疑问，都是增进文化认同和民族认同的有效途径。此外，乡土性所蕴含的是英国民众对过去共有生活方式的怀念，代表的是英格兰民族共同的旧日历史记忆，这也是构成共同体文化的重要组成元素。

因此，我们可以说，在重构英国文学传统的过程中，无论是对当下现实性的重视，还是对旧日乡土记忆的强调，其背后折射出的都是利维斯坚定的民族认同信念。

3.2　出版文学批评刊物传播民族认同理念

安东尼·史密斯曾说，“典型的民族主义运动通常不是始于抗议集会、独立宣言或武装反抗，而是源自文学社团、历史研究、音乐会演或文化期刊的诞生”。① 文学批评期刊作为一种文化期刊，在民族共同体理念的传播过程中起着重要作用。利维斯集团于 1932 年创办刊物《细察》(*Scrutiny*)，1952 年停刊。在利维斯集团②创办此期刊之前，英国文学批评圈还有其他

① 安东尼·史密斯．民族主义：理论、意识形态、历史[M]．叶江译．上海：上海世纪出版集团，2011：7.

② 关于“利维斯集团”这个称呼，西方学界的表达有 Leavisites，Leavises，Leavis Group，Leavis Circle 等称呼，如果直译，则是“利维斯式的人”“利维斯们”“利维斯群体”“利维斯圈子”，国内学界主流译为“利维斯集团”。在此，笔者采用国内的普遍译法：利维斯集团。

的一些同类期刊，如1922年创刊的《标准》(*Criterion*)和1925年创刊的《现代文学日历》(*The Calendar of Modern Letters*)。弗朗西斯·穆尔汗(Francis Mulhern)认为，虽然这些期刊都创刊于第一次世界大战之后，也都受到现代主义①的影响，但是，英国文学批评期刊对英国文学和文化传统的承继性一直没有断裂，利维斯也是依循着英国文学文化传统来创办《细察》期刊的。作为右翼文化主义者，虽然T.S. 艾略特的作品是以现代主义作品的形式体现，但是他的文学思想却是传统的。“在T.S. 艾略特的作品中，审美创新性与思想保守性结合在一起，这在《标准》中显现无疑。虽然现代主义作家们的作品有明显的现代性色彩，但是如同弗吉利亚·伍尔夫的小说一样，他们展现了一种与往昔英国文学相关的最根本的延续性。”②英格兰本土的文学现代性是非常温和的，虽然它闪烁着现代主义的微光，但那仅仅是微弱的光而已，它最根本的特质仍然是“根植于那最熟悉的、民族的、外省乡村的经验，而不是现代主义那陌生离奇的世界”。③

《现代文学日历》这个刊物存续期非常短暂，从1925年创刊到1927年停刊，仅仅只有三年的时间，但是，其对利维斯以及《细察》的影响非常大。在《细察》的第一期卷首语中，利维斯就表达了他对《现代文学日历》的赞赏，认为《现代文学日历》是值得有教养的人士全力支持的期刊。④ 而《现代文学日历》所体现的对社会问题的关注，对英国文化传统的重视，以

① 这一点可以从T.S. 艾略特的个案中得到启发，作为现代主义诗歌的代表性作家，T.S. 艾略特从1922年开始担任《标准》期刊的主编，同年他的《荒原》发表。虽然艾略特是现代主义文学家，但是其文学批评作品《传统与个人才能》体现了其文学批评思想中传统文化的重要性，这代表了他作为保守主义者对传统延续性的重视。现代主义的断裂性只是表现在艾略特的文学形式上，不是他的文学思想的内核，受宗教以及其他因素的影响，艾略特的思想仍然偏向保守。

② Francis Mulhern. The Moment of *Scrutiny*[M]. London: New Left Books, 1981: 16.

③ Francis Mulhern. The Moment of *Scrutiny*[M]. London: New Left Books, 1981: 16.

④ F R Leavis. Scrutiny: A Quarterly Review. I (1932—1933)[M]. Cambridge: Cambridge University Press, 1963: 2.

及试图用英国文学来解决英国面临的种种危机则并不是新鲜事。从马修·阿诺德开始，就一直有用文化来解决社会问题的传统，这也是利维斯对此期刊赞誉有加的原因之一。毫无疑问，在对待英国民族所面临的危机和困难时，具有相同志向和理想的群体总是惺惺相惜。对于《现代文学日历》期刊的停刊，利维斯夫人对此也表示非常惋惜，她曾做出评论："一个又一个严肃的政治文学期刊消失了，失去了它的色彩，几乎没有一个期刊能够在广告世界或者分期付款制度这样的社会留存下来。"①正是在这样艰难的背景和重重困难之下，利维斯毅然创办了《细察》期刊，来完成其他停刊期刊未完成的伟大文化事业。从《现代文学日历》的命运来看，严肃的文学期刊很难维持，《细察》也是如此。利维斯在如此艰难的情况下将《细察》期刊维持二十年实属不易，这折射出的正是以利维斯为代表的英国人文知识分子在致力于用英国文化来解决英国社会问题，用文学期刊来传播和弘扬英国文化，用英语文学来凝聚国民民心的那一份勇气和坚持。

3.2.1　民族认同凝聚文学批评力量

"每一本期刊，实质上都是编者对有价值的文化信息、文化成果的艺术化的组合，经过这种组合，呈现出的是一道文化景观，产生的是一种超越了原有信息和原有作品价值的更大的价值。"②文学批评期刊也是如此，期刊的成刊和发行过程，其实是编者对文学批评作品价值的挖掘、发现、整合和传播的过程，它表征了刊物的办刊理念、体现了编者的价值取向、呈现了作者的文学价值观。因此文学批评期刊的创办和经营并不是一项个人事业，而是一个群体工程，它集结了一批志同道合的文学批评家，代表了一群人的文学志趣。这一群文学批评家在文学作品中发现他们认为有价值和有意义的信息，写就文学批评文章，然后文学刊物编辑在文学批评作

① 转引自 Francis Mulhern. The Moment of *Scrutiny*[M]. London: New Left Books, 1981: 41。

② 李立. 论期刊编辑在文化信息传播中的角色功能[J]. 现代传播, 2006(6): 69-72.

品中发掘与其刊物理念相关的文学批评文章，对其进行合理的选择，其后整合成一个有体系的刊物，传播给大众读者。《细察》期刊也是如此，利维斯集团在英国民族认同需求的影响下，创办了此期刊，凝聚了一批文学评论家，并将文学中所承载的具有提升英国民族认同功能的英国文学批评作品挑选整合、出版传播，以此在精神上团结英国民族共同体成员。

1932年5月，《细察》期刊问世，但从严格意义上来说，利维斯本人并不是创刊者，创刊者是L. C. 奈次(L. C. Knights)和唐纳德·卡尔文(Donald Culver)。奈次是来自林肯郡的一名研究者，后来在曼彻斯特大学任教。卡尔文是一名美国文学批评家。这两者都是利维斯的学生，他们的创刊理念很大程度上源自利维斯在课堂上给他们传授的思想，因此，确切地说，是利维斯集团创办了此刊物。利维斯加入《细察》编辑委员会，并成为中心人物的时间是1932年9月，也就是《细察》期刊问世之后四个月。从《细察》期刊的第三期开始①，利维斯和他的另一位学生丹尼斯·汤普森(Denys Thompson)一起加入《细察》，成为编委会核心人物。② 利维斯夫人Q. D. 利维斯也是《细察》期刊的主要人物，虽然利维斯夫人并没有正式的编委会职务，但是，在实际运营过程中，她承担了很多秘书工作和写作工作，并且也是期刊稿件的主要执笔人之一。因此，利维斯夫妇以及利维斯的学生，还有认同利维斯思想的批评家们共同构成了一个被称为“利维斯集团”的群体。

虽然不是利维斯本人创办了此刊物，但是在利维斯的影响下，利维斯集团的核心人物创办了《细察》，1932年9月利维斯的加入使《细察》的凝聚力和影响力倍增。因此，可以说，《细察》期刊以利维斯为核心，在剑桥建立了一个文学批评中心，吸引了一批志同道合的文人。根据弗朗西斯·穆尔汗的考察，利维斯集团成员至少包括以下批评家：《细察》期刊最早的

① 在《细察》创刊之前，奈次和卡尔文曾邀请利维斯加入编委会，但是利维斯最初没有接受他们的邀请。

② 关于《细察》期刊创刊的详细梳理，可参见Francis Mulhern. The Moment of *Scrutiny*[M]. London: New Left Books, 1981: 45。

创始人为 L. C. 奈次、唐纳德·卡尔文，以及后来的编辑委员会主要成员丹尼斯·汤普森、D. W. 哈丁①。编委会的成员除了利维斯之外，其他人都不在剑桥大学任职，因此，编委会成员集结在一起开会都不是一件容易的事情，这对于一个期刊的顺利运营显然是一个阻碍，但是艰难的办刊环境同时也更加证明了此期刊的魅力。除了编委会成员之外，《细察》所聚集的利维斯集团成员应该还包括其他投稿者和支持者，正如弗朗西斯·穆尔汗所说："期刊编辑虽然四散在不同地方，但是四散的力量被利维斯集团的追随者们带来的力量完全抵消了，利维斯在剑桥内部就吸引了很多的支持者和协作者。"②在地理上，《细察》期刊的编委会成员大多不在剑桥；在心理上，他们却齐心合力地凝聚在以剑桥为中心的利维斯周围，地理意义上的四散各地，并不妨碍投稿者们和支持者们被《细察》和利维斯主义所代表的精神所吸引。根据弗朗西斯·穆尔汗的梳理，这些利维斯追随者们，其中超过半数都是剑桥大学的毕业生，大部分都与利维斯有直接或间接的关系，他们或是师生关系，或是朋友关系。因此，利维斯集团的成员还包括：穆雷尔·布拉布鲁克（Muriel Bradbrook）、威廉·亨特（William Hunter）、D. J. 恩莱特（D. J. Enright）、G. D. 克林格普洛斯（G. D. Klingopulos）、R. G. 科克斯（R. G. Cox）、杰弗里·沃尔顿（Geoffrey Walton）、威尔弗里德·梅勒思（Wilfrid Mellers）、博里德·福特（Borid Ford）。③《细察》期刊似乎有一种魔力，吸引了成群的支持者，而这个魔力来自于他们强烈的对于英国文学的心理认同，对英国民族未来前途和命运的关怀。

根据埃里克·本特利（Eric Bentley）对英国文学批评期刊的考察，我们也可以感受到《细察》期刊的强大凝聚力："米德尔顿·穆雷（Middleton Murry）编辑的期刊《雅典娜神庙》和艾德格尔·瑞克沃德（Edgell Rickword）

---

① D. W. 哈丁也是剑桥大学伊曼纽尔学院的学生，与奈次和汤普森年纪相差无几，后来成为伦敦经济学院（London School of Economics）的讲师。

② Francis Mulhern. The Moment of *Scrutiny*[M]. London: New Left Books, 1981: 46.

③ Francis Mulhern. The Moment of *Scrutiny*[M]. London: New Left Books, 1981: 47.

编辑的期刊《现代文学日历》都只存续了两三年的时间。但是《细察》期刊，却从1932年起延续到现在①，而且仍然具有活力。它不像那些美国评论期刊能获得经济上的赞助，它没有接受过任何赞助(《细察》期刊从来没有给任何一个投稿者支付过一分钱的报酬)，却在经济大萧条和“二战”中存活下来。”②值得我们注意的是，本特利在括号里面的补充语：《细察》期刊从来没有给任何一个投稿者支付过一分钱的报酬。的确，这是一个非常有说服力的事实。我们可以从本特利的阐述中看出，《细察》期刊创办时和运营时的环境是非常恶劣的，它经历了经济大萧条和第二次世界大战，但是，与其他类似的文学评论期刊短暂的生命相比，《细察》期刊的生命力相对而言可以说是非常旺盛的。什么样的评论期刊能够在经济如此糟糕，不给投稿者支付分文稿酬的情况下，仍然能吸引文学批评家们投稿，并且持续运营20年的时间呢？我们不得不承认《细察》期刊的强大吸引力，它凝聚了一批同样具有社会责任感和历史使命感的文学批评家。而使《细察》期刊区别于其他同类文学评论期刊的，是其办刊理念中所暗含的民族认同意识和国家情怀，只有这种强烈的民族国家情感才能拥有如此大的力量和魅力，在经济困难时期和战乱频繁时期，凝聚一群志同道合的人冲破重重障碍，来做一项他们认为的伟大神圣的事业。

3.2.2 民族认同重塑文学社会影响

《细察》的主编们在第一期的创刊词中，反复陈述了其创刊缘起是与外部世界和政治意识形态领域相联系的，因此，其创刊初衷就不仅仅只是局限于文学批评领域，而是延伸到了社会政治领域。我们可以说，《细察》期刊的创刊理念是：文学批评与社会政治批评的结合。

“从本质上讲，期刊是一种文化产品。它发现并组织新的文化知识信

---

① 埃里克·本特利所著的《〈细察的〉重要性》(*The Importance of Scrutiny*)这本书于1948年出版，彼时，利维斯的《细察》期刊仍然在运营。

② Eric Bentley. The Importance of *Scrutiny* [M]. New York: George W. Stewart Publisher Inc., 1948: xvii.

息，缔造并建构新的文化知识体系……文化传播是文化创造的目的。期刊的编辑和出版的最终目的，自然也是为了传播文化。”①传播文化的过程就是文学的社会影响力得以加强的过程。文学刊物的功用不仅仅在于令人愉悦，还在于其对民众智性的启发，以及对社会政治意识形态的影响。在意识形态领域，文学并不总是在中心地带，文学的影响力也并不是最大的，但是民族认同意识的高涨会催化具有民族抱负和富有社会责任感的文学批评刊物的诞生。在《细察》期刊的创办和运营过程中，文学刊物的社会功用就被利维斯集团不断强调，奈次和卡尔文在《细察》创刊词中就曾写道：

> 总体的智性标准②的下降是现今的一个普遍现象。很多人都认为西方文明正在没落，而且在可见的将来会消失，虽然似乎很少有人关心这一点。但是即使是斯宾格勒③，其也以一种决定论的漠然态度来对待这种现象，这种态度代表了一种情感上和智性上的反应。如果乐观主义是天真的，那么宿命主义也不应该是具有智识的人应有的反应和态度。知识界应该有一个更积极的功能……这样的文学期刊必须创立，它将结合文学批评和文学之外的批评。我们认为艺术之标准应该暗含着生活之标准，我们将之当作公理。④

---

① 杨旭村．文化传播：期刊的重要使命[J]．编辑之友，1991(6)：35-37.

② 《细察》创刊词中所使用的英文是“standards”，如果译为“标准”，容易引起歧义。因此，根据作者在上下文中所表达的意思，笔者在这里进行了增译，将其译为“智性标准”。

③ 斯宾格勒(Oswald Arnold Gottfried Spengler，1880—1936)在《西方的没落》一书中，提出文化和生物一样也有萌芽、发展、繁盛、衰落的过程，西方社会经历了辉煌的文化创造阶段，正在进入物质享受阶段，由此不可避免地进入没落时期。斯宾格勒以一种冷静客观的态度来看待西方文明的没落，这显然与富有责任感和使命感的利维斯派所持的富有激情地拯救西方文化的态度完全不同。

④ F R Leavis. Scrutiny：A Quarterly Review. I（1932—1933）[M]．Cambridge：Cambridge University Press，1963：2.

以上引文中的“这样的文学期刊”就是指《细察》这类具有积极社会介入性质的文学批评刊物。因此从以上引文中，我们可以看出，《细察》创刊词强调了一种具有社会使命感的期刊创刊的必要性，它不认同当时非常流行的一种以斯宾格勒为代表的西方学界所持有的“西方没落宿命论”观点，宿命论只会让人们无动于衷地消极接受文化和社会的负面境况。他们认为，即便对待未来不能天真地盲目乐观，具有社会责任感的文学批评家们不能持有宿命论这样的态度，只有积极介入社会问题才是知识分子应有的态度。正是基于对“艺术之标准暗含生活之标准”这个大的准则的共识，《细察》期刊才得以成立并延续运行20年。创刊词中所提到的《细察》期刊的文学内部批评和文学外部批评，其实就是以文本“细读”的批评方式来参与社会政治批评，这也是利维斯集团的文本细读与新批评派的文本细读最大的区别①。

关于文学的外部批评，奈次和卡尔文也在《细察》创刊词中做了清晰明确的表达：“读者会发现，我们的《细察》期刊不是一个纯粹的文学评论期刊。那么，他会问，对现代事物的总体性的关注，到底是什么呢？当然和政治相关……我们所说的文学批评一定具有实践性和政治性。”②如特雷·伊格尔顿所说：“文学，就我们所承继的这一词的含义来说，就是一种意识形态。”③文学是如此，文学批评也是如此，文学批评期刊作为文学批评家对文学进行价值判断的园地，也必然与社会意识形态密切相关。一个文学批评期刊对稿件的选择内含着其意识形态标准，《细察》期刊也不例外，

① 英美新批评于20世纪20年代起源于英国，30年代发展于美国，并在20世纪四五十年代在美国文坛达到繁盛时期。因为利维斯批评和英美新批评在文学批评领域兴起和活跃的时间有很大的重叠，而且两者之间有一些相似之处，所以学界对利维斯是否属于新批评派有过争议和探讨，有学者认为其属于新批评派，有学者则不赞同，其实，就批评形式来看，利维斯的确也采用了文本细读的批评方法，但是二者在批评旨归上则有很大的不同，利维斯批评的旨归是向外的、开放的，指向外部社会和文化；英美新批评的批评旨归是向内的封闭的，指向文本的内部结构和内在意蕴。

② F R Leavis. Scrutiny：A Quarterly Review I（1932—1933）[M]. Cambridge：Cambridge University Press，1963：3-4.

③ 特雷·伊格尔顿．二十世纪西方文学理论[M]．吴晓明译．北京大学出版社，2011：37.

我们可以在其所选择的文学批评作品中看出利维斯集团对英国社会的民族认同意识形态所做出的努力。文学从文本内部走向文本外部，必然有其原因，因此，《细察》期刊的编辑和发行也体现出，在文学批评期刊从拘囿于文学文本的相对狭小天地，主动进入社会政治领域的过程中，民族认同信念作为推动力和催化剂，对重塑文学的社会影响所具有不可小觑的力量。

关于期刊传播、民族认同、文学批评三者之间的逻辑关系和互动机制，我们可以阐述如下：文学批评期刊为民族认同和文学批评提供了传播途径，文学批评期刊将志趣相同的批评家集结在一起，并通过期刊的中介作用，把文学批评家以及文学的影响传向更广泛的世界。民族认同是利维斯集团创办期刊的隐性动力，文学批评文章则是民族认同力量的显性表征形式。

利维斯费尽心血经营《细察》期刊，将文学批评家们集结在一起，然后撒播开来，将英国文学的力量传播到更广阔的领域①，正如雷纳·韦勒克

① 雷纳·韦勒克曾经对《细察》的作者们，也就是利维斯集团的文学批评家们的影响做过梳理："《细铎》行刊长达 21 年，自 1932 年至 1953 年，经济上或许不算成功，但是却成为广为瞩目的细铎派喉舌。剑桥大学出版社重刊了全套 19 卷期刊。埃里克·本特利编过一本《细铎的重要性》(1948)，文章均选自《细铎》，这本选集首次引起了美国人对细铎派的重视。简装本的利维斯著述深入到美国最边远的大学书店，七卷本的《企鹅英国文学指南》(1954—1961) 大为畅销，编者为利维斯的弟子鲍里斯·福特。执笔者几乎俱为《细铎》以前的撰稿人，或是及门弟子，故而最忠实地代表了利维斯的观点。利维斯有几位最亲密的伙伴已经取得学术地位，或者至少已经有批评家的声望：比如莱查·奈次名重一时，他发表了小册子《麦克白夫人有多少子女?》(1933)，专著《本·琼森时代的戏剧与社会》(1937)，文集《探索篇》(1947)，《莎士比亚的几个主题》(1959)，《探究哈姆雷特》(1960)。德雷克·特拉维西，另一位利维斯追随者，虽然取了意大利语名字，却是威尔士人，写过两部著名的莎士比亚专著。马丁·特纳尔的著作，构成了评论现代法国文学的主要部分：《古典主义时刻：高乃衣、拉辛和莫里哀研究》(1946)，《法国小说》(1951)，《波德莱尔》(1953)，《法国小说艺术》(1959)。利维斯还有一位美国学生，马里·乌斯比雷，也写过两部论美国 19 世纪小说的著作，《复杂的命运：霍桑、亨利·詹姆斯等美国作家》(1952) 和《古怪的布局：美国古典小说中的形式》(1959)。甚至还有一位法国人，昂利福·律谢尔，《莎士比亚》(1948；英译本，1953) 和《劳伦斯·斯特恩》(1961) 的作者，也早就与利维斯有往来，而且和他的总体观点一脉相通。"参见雷纳·韦勒克. 近代文学批评史[M]. 杨自伍译. 上海：上海译文出版社，2009：397。"细铎"即"细察"，杨自伍在翻译雷纳·韦勒克的《近代文学批评史》时，将"Scrutiny"译为"细铎"。

所说："播种之后，利维斯毕竟有收获。"①

雷纳·韦勒克与利维斯的关系可谓亦敌亦友。利维斯与韦勒克在1937年还曾经在《细察》期刊就文学和哲学的问题进行过讨论，甚至可以说是交锋，被称为关于"文学批评与哲学"的"利韦之争"。我们在此不深入探究他们所争辩的问题，但是这两者之间的交锋是以《细察》期刊为阵地的，可以说，利维斯集团的民族认同意识所催生的《细察》文学批评期刊为文学批评家们提供了议论和争辩的场所，在文学批评家们就文学问题所进行的你来我往的交锋、辩论、探讨的互动中，在期刊读者对这场"文学批评与哲学"论争的关注中，在《细察》期刊的发行过程中，文学的影响力毫无疑问得到了提升，这种现象的发生机制不是直接的、表面的，它是间接的、深层的。从某种意义上来说，这是利维斯集团的英国民族认同信念带来的副产品。因此，我们可以说，在传播英国的民族共同体中的经验主义民族特性的过程中，民族认同信念重塑了文学的社会影响。

3.2.3 民族认同批评倾向建构民族文学英雄形象

民族的个体英雄形象，是民族历史集体记忆中的骄傲，对一个民族来说，具有强大的号召力和凝聚力。一旦民族英雄形象形成，将会被后代民众敬仰，民族英雄是团结民众、凝聚民心的精神符号，对民族认同具有重要意义。塑造民族英雄是构建民族认同和提升民族认同的重要组成部分，在战后的特殊时期，个体民族英雄的建构和群体优秀民族形象的塑造更是刻不容缓，这两者都是发掘民族集体记忆，凝聚民族人心的重要的历史文化资源。民族英雄的发掘对于民族认同非常重要，是因为英雄作为特殊的集体文化符号能够对民族的形成、发展和稳定起到重要的作用，对民族认同的提高带来重大的影响。毫无疑问，莎士比亚就是英国文学批评家们所挖掘出来的民族英雄。利维斯也是极尽所能将莎士比亚塑造成民族英雄的

① 雷纳·韦勒克．近代文学批评史[M]．杨自伍译．上海：上海译文出版社，2009：398.

批评家之一。此外，民族英雄中优秀的群体形象也是能代表一个民族的民族特性的人群，这对于民族认同也非常重要，利维斯在其文学批评中所反复提到的德性主人公，就是这一类形象。

利维斯在其文学批评作品中曾在多处对莎士比亚的作品进行过分析，在多处将莎士比亚看作伟大文学的标杆，如他在《细察》期刊发表的《伟大的〈一报还一报〉》，以及在《教育与大学》中对《麦克白》的分析，如同他对劳伦斯的毫无保留的极尽溢美之词的推崇一样，利维斯将莎士比亚视作最伟大的英国文学家。毫无疑问，在利维斯眼中，莎士比亚是英国民族语言最伟大的使用者和推广者，虽然英语曾经只是下层人民使用的被认为是俗语的语言。①

在 1935 年的《细察》期刊中，利维斯曾经对莎士比亚的作品《一报还一报》(*Measure for Measure*)②进行过分析。此部剧作具有浓郁的道德教义色彩，也是一部一直以来具有争议的作品，比如安吉洛的人物性格在整个剧作前后表现不太一致。但是对于利维斯来说，具有争议的情节正是能够将

---

① 童庆炳曾经分析过欧洲俗语，包括英语的变迁："14 世纪被恩格斯称赞为'旧世纪最后一位诗人和新世纪第一位诗人'的但丁首先用意大利北部的一个邦的方言写作，即那个地方的俗语，他写成了著名的《神曲》。结果这部作品所使用的俗语，在约 100 年之后，就成为意大利的国语而流行起来。最值得一提的是英语的问世。现在流行的英语当时不过是英格兰'中部土话'，但是由于乔叟、威克利夫用这种土话来写作，发生了影响，适用范围不断扩大。等到莎士比亚和伊丽莎白时代，这种英语随着英国的扩张而流行全世界……正是俗语成就了意大利和英国的文化，如果没有俗语、土话的流行和普遍使用、流传，意大利、英国在文艺复兴运动中就不会产生出具有世界影响的但丁的《神曲》、薄伽丘的《十日谈》、莎士比亚的悲剧和喜剧。"参见童庆炳．文化诗学：理论与实践[M]．北京：北京大学出版社，2015：159-160。

② 《一报还一报》是莎士比亚的戏剧作品，于 1604 年首次在剧院上演，该剧作讲述了维也纳的公爵文森将国家治理权交给安吉洛之后发生的一系列故事。安吉洛曾经是一位被广受尊重，并尊崇清教主义禁欲原则的备受信任的大臣，但是在摄政之后，安吉洛却在克劳迪奥与朱丽叶的案件中，因为看上了克劳迪奥的姐姐伊莎贝拉，而要求用伊莎贝拉的贞洁来换取克劳迪奥的自由。安吉洛从一个持身严谨的人物堕落为一个道貌岸然的伪君子。后来公爵文森设计揭露了安吉洛的阴谋，控告安吉洛，安吉洛得到惩罚。该戏剧以文森向伊莎贝拉求婚的欢喜情节为结局，是一部带有悲剧色彩的喜剧作品。

此部作品从喜剧上升为悲剧的部分。与克劳迪奥对死亡的惧怕相比，安吉洛在自己的堕落行为被揭穿之后并不害怕死亡，反而渴望死亡。利维斯认为，正是安吉洛对死亡的渴望使浪漫主义时代喜剧中的死亡主题开始具有了深刻、严肃的色彩，从而上升到了悲剧的高度。他分析了关于安吉洛的一些台词，并认为这些台词所展现出的都是从安吉洛身上看到的普遍人性：①

> 人啊，骄傲的人，
> 在拥有了一点点权力之后，
> 忘记了他最肯定的纯洁的内心……
> 如果他是你，或者你是他，
> 你会和他一样……
> 你会怎么做？
> 如果他是你的评判者，
> 来评判你，
> 哦！思考一下。②

对于安吉洛的堕落，利维斯分析道："这种表现形式其实是在表达'不

---

① 此台词的原英文如下：
But man proud man,
Drest in a little brief authority,
Most ignorant of what he's most assured,
His glassy essence...
If he had been as you , and you as he,
You would have slipped like him...
How would you be
If he, which is the top of judgment, should
But judge you as you are? O! think on that

② Eric Bentley. The Importance of *Scrutiny* [M]. New York: George W. Stewart Publisher Inc., 1948: 155.

要随意评判他人，如同你也不被随意评判一样'。莎士比亚的这部戏剧与《圣经·新约》中的训诫多么相似啊。但是我们不能够将其与另一件事情混淆，即便莎士比亚的这部剧是道德剧，莎士比亚还是传递了一种有关法律、秩序的正义。我们谈到'潜藏的两难境地'是认为莎士比亚自己也是那些悬而未决的矛盾、冲突、犹豫的受害者。但是，必须确认的是，对于社会规范和秩序的遵守并不意味着我们不能认识到上面所提到的深刻而有益的智慧：'不要随意评判他人，如同你也不被随意评判一样'，也不意味着我们不能够相信，我们应该在正义的冷静之下，保持我们人性的真实。"从利维斯对莎士比亚所安排的"安吉洛的堕落"的评价，我们可以看出他将莎士比亚的作品看作一个具有多层教益的作品。第一，莎士比亚的道德教益作用，就是不要随意评价他人，这是一个训诫，也是一个美德。第二，作为矛盾、冲突和犹豫的受害者，莎士比亚并不讳言，安吉洛在遇到两难境地，堕落之后，所渴望选择的毁灭，这个情节应该使该喜剧具有了悲剧色彩，由此，引发人们反思关于人性的深刻道理。第三，安吉洛毕竟违反了社会规则和社会正义，但是对正义的坚决维护与对人性的正确理解并不冲突。因此，利维斯对该剧作的评价非常之高，如利维斯所说："莎士比亚的《一报还一报》的伟大之处在于它到达了精妙又包罗万象的高度，在矛盾、冲突、犹豫中又含有一种微妙的确定性。"①

在利维斯对康拉德的小说《诺斯特洛莫》进行评价时，认为康拉德在这部小说中体现了他令人称道的艺术成就，这里的艺术成就是指"坚实而生动的具体性。"②在这一点上，利维斯认为《诺斯特洛莫》"在艺术上，具有令人想到伊丽莎白时代戏剧之长的某种东西——实际也就是莎士比亚式的东西"。在康拉德所写的这些人物身上，"没有发现任何与我们所指的人性相悖和不符的东西。看见和听见的已然是充分的理解：他们呈现在我们的

① Eric Bentley. The Importance of *Scrutiny* [M]. New York: George W. Stewart Publisher Inc., 1948: 156.

② F R 利维斯. 伟大的传统[M]. 袁伟译. 北京：生活·读书·新知三联书店，2009：256.

面前，而且完全就是本色”。① 从以上的引言中，我们可以看到利维斯将莎士比亚作品看作一个衡量文学作品艺术品质高低的标杆和标准，已经上升到超乎寻常的程度，似乎莎士比亚的作品就代表了英国民族文学的最高水准，莎士比亚也成为了民族最高价值的体现，成为了能代表英国民族的英雄人物。

文学批评作为一种意义建构方式，参与塑造民族英雄形象。利维斯的文学批评对于塑造莎士比亚这个英国民族个体英雄形象也功不可没。

3.3　推行英语文学教育塑造民族认同感

教育是巩固民族共同体情感的重要方式之一。安东尼·史密斯在谈到教育对民族认同的作用时，曾说民族成员“对自己的文化一致性和民族历史具有强烈意识，并且致力于运用本地的语言、习俗、艺术和风景，通过民族的教育和制度来培育他们自己的民族个性”。②

对于F.R. 利维斯的教育理念，国内外学者主要将其置于“两种文化”论争的语境中来讨论，如杨自伍编译的《教育：让人成为人——西方大思想家论人文与科学》一书中收录了从德国美育开山始祖康德开始，到美国近代文化批评家赖许为止的西方大思想家对教育的思索，该书总共27篇文章，其中有3篇就与利维斯和斯诺的教育论争直接相关③，不论“科学文化与人文文化”论争的双方观点如何，两种文化论争引起了长久的激烈讨论，而这个现象本身也从侧面反映了利维斯教育理念的影响力之大。除了从“两种文化”论争角度来谈论利维斯的教育理念之外，还有一些学者将利维

① F R 利维斯．伟大的传统[M]．袁伟译．北京：生活·读书·新知三联书店，2009：256.

② 安东尼·史密斯．民族主义：理论、意识形态、历史[M]．叶江译．上海：上海世纪出版集团，2007：21.

③ 此3篇文章分别为C.P. 斯诺的《两种文化》、F.R. 利维斯的回应《两种文化？查珀斯诺的意义》、莱昂内尔·特里林对此次论辩的评论《利维斯—斯诺之争》。

斯与马修·阿诺德(Matthew Arnold, 1822—1888)一脉相承的文化教育观视为争夺大学文化领导权的体现，如迈克尔·贝尔(Michael Bell)在其新近的文章中强调，利维斯注重整体的教育观，是在反抗欧陆实证哲学和分析哲学在英国大学教育中的主导地位①。国内学者程巍从文化领导权和文化政治学的角度对利维斯的教育主张进行过分析，认为利维斯的小说批评著作《伟大的传统》"象征着剑桥牛津的英语系试图控制英国文学写作大权"。② 但是国内外学界对利维斯的教育理念中的大学共同体想象这一方面的讨论则相对薄弱，而从利维斯的早期作品中，我们就能看到其对大学教育的共同体功能有着比较宏观且深刻的思考。

利维斯对剑桥大学英文学院的学科建制做出过不可磨灭的贡献，他是剑桥大学文学批评学科建制的主要推动者。利维斯曾在《教育与大学》(*Education and the University*)中谈到，"教育和大学这个命题是他20年以来一直关注的焦点所在"。③ 毫无疑问，利维斯对教育、大学、文学学科必然有着深刻理解，这深刻的理解中也包含利维斯对教育与民族认同关系的理解。

3.3.1　民族认同重构英语文学批评学术体制

英语文学批评学科的独立性和合法性并不是一开始就自动拥有。英语文学与古典文学相比，英语文学最初并不被认为是一个严肃高雅的学科。那么，英语文学批评与英语文学相比，英语文学批评最初也并不被认为是一门严肃独立的学科，它的地位远远低于英语文学。在19世纪之前，英语文学批评只是文学的一个附属品，它寄生于英语文学，是一个没有自我根

① Michael Bell. Creativity and Pedagogy in Leavis[J]. Philosophy and Literature, 2016(4): 171-188.

② 程巍. 中产阶级的孩子们——60年代与文化领导权[M]. 北京: 生活·读书·新知三联书店, 2006: 223.

③ F R Leavis. Education and the University[M]. Cambridge: Cambridge University Press, 1979: 7.

基的靠寄生于文学这个宿主来汲取养分的寄生物，没有英语文学就没有英语文学批评，曾经的英语文学批评就像英语文学身后一个卑微的亦步亦趋的仆人。而从利维斯所在的年代开始，英语文学批评的地位则迅速提高，从剑桥这个根据地出发，辐射到其他地方，英语文学批评进而成了一个越来越独立的学科，甚至成为中心学科。这个过程并不是一蹴而就的，学术体制意义上的英语文学批评的独立和建制经历了一个世纪左右的时间，这个过程所体现的意义远远超过了英语文学批评学术体制建制本身。在英语文学批评学科获得独立性和合法性的过程中，利维斯集团的民族认同信念起了不可小觑的驱动和推动作用，从民族认同的文化教育功能这一角度来看，英语文学批评起到了帮助巩固民族共同体的作用。

克里斯·鲍迪克认为，英语文学批评学科的独立性始于马修·阿诺德，后来由 T. S. 艾略特和 I. A. 瑞恰兹以及 F. R. 利维斯和 Q. D. 利维斯将其巩固并发扬光大。受到 1789 年法国大革命的影响，马修·阿诺德在担忧英国民族解体的过程中，极力寻找一种能增加民族凝聚力和民族情感的黏合剂，而诗歌成为了他所找到的良药，进而英语文学批评，也就是如何挑选好的诗歌，则成为了一个不可或缺的甚至是至关重要的事业。于是，马修·阿诺德赋予了英语文学批评重要的社会责任使命。马修·阿诺德将诗歌与神学、哲学和科学进行对比，认为后三者都不能代表最好的思想。神学在世俗化的过程中渐渐式微、哲学抽象不着地气、科学空洞没有灵魂，只有诗歌才能解释生活，其他的都是幻觉。然后他说道："如果我们认为诗歌的使命如此重要，那么我们也应该为诗歌制定与如此使命相当的高标准，我们必须使我们开始习惯于优秀的标准和严格的判断。"①由此，英语文学批评被阿诺德赋予了令人敬畏的社会功能，开始了它神圣的学科独立性之旅。

无论是阿诺德、艾略特、瑞恰兹还是利维斯，我们都不能忽略他们的

① 转引自 Chris Baldick. The Social Mission of English Criticism 1848—1932 [M]. Oxford: Clarendon Press, 1983: 19。

事业背景，他们都是教育领域的工作者。根据克里斯·鲍迪克的分析，英语文学批评作为一个教育的“智性的中心”(intellectual center)来保护民族文化这个概念，也是从阿诺德开始的，“将教育作为开启明智的使者，而不是只是信息的传送者”①。阿诺德希望在这个中心，一些训练有素的教师能够用好的文学示例来训练公民的整体性，这在后来的利维斯的教育观中也得到了继承。而在这个过程中，之前的英语文学教育中的古典文学教学部分如荷马、索福克勒斯、但丁、哥特等人的作品显然离民众太远，而如何将英语文学批评加入高等教育的阵营，又是一件让英语文学教育者头疼的事情。“拥有自己的学科教授、学科考试、教科书、下属科系，如何使这个学科更专业化而不是看上去很业余，这让很多人都很感到惆怅。”②英语文学批评的合法性总是受到质疑。尽管如此，英语文学批评的社会使命将改变这一切。克里斯·鲍迪克认为，有三个主要的原因使英语文学批评在质疑声中逐步获得了自己在教育领域的合法性：第一，在大英帝国对印度进行行政管理的过程中，需要设置一些考试科目来遴选录用人才。第二，成人教育和技术教育需要英语文学教育。第三，英国的女性教育需要英语文学教育。在这三个重要原因中，无论哪一种都与民族认同相关。

在英语文学批评领域，第一次世界大战的影响非常重大。“英语文学批评这个学科的建立与第一次世界大战这场灾难非常相关。”③这背后的逻辑并不难理解，战争与民族荣誉相关，“这是一个强有力的动力，带着再次沸腾的民族自豪感，英国民族愤愤不平地挥舞着文化遗产大棒，将英语文学变成了一个中心学科”。④ 在第一次世界大战、成人教育、技术教育和

① Chris Baldick. The Social Mission of English Criticism 1848—1932[M]. Oxford: Clarendon Press, 1983: 34.

② Chris Baldick. The Social Mission of English Criticism 1848—1932[M]. Oxford: Clarendon Press, 1983: 61.

③ Chris Baldick. The Social Mission of English Criticism 1848—1932[M]. Oxford: Clarendon Press, 1983: 86.

④ Chris Baldick. The Social Mission of English Criticism 1848—1932[M]. Oxford: Clarendon Press, 1983: 86.

女性教育的推动下，英语文学学科逐步建立。在这个过程中，有几个具有重要影响力的年份值得一提，据克里斯·鲍迪克在《英国文学批评的社会使命：1948—1932》中的所提到的数据，这些年份分别是：第一，1853 年的《印度法案》(*India Act*)的提出，要想竞聘一些报酬丰厚且具有声望的管理岗位，必须通过一系列考试，其中英语文学是重要的考试之一。马修·阿诺德和沃尔特·拉雷(Walter Raleigh)都是这个考试的考官。第二，1884 年，印度行政部门在《在大英帝国印度地区大学的职责》讨论会中，将剑桥大学和牛津大学作为英国文化的传播者，其中约翰·切顿·柯林斯就是英国文学的教学者之一。第三，1878 年，剑桥的英文系成为中世纪和现代语言委员会的一个下属系部。第四，1893 年，牛津大学的教学委员会通过了英语文学学院的提案。第五，1906 年，英国的英语协会(English Association)成立，英语正式成为国家民族教育的核心组成部分。第六，1917 年，剑桥大学的英文学院成为一个单独的学院。① 以上都是英语学科建制的关键年份，在民族认同使命的推动下，英语学科艰难建立，它遇到的第一个问题就是：如何使英国文学更专业和更系统。在专业化程度方面，德国语文学显然比英国文学更加系统，无论从教学法还是从考试测试法上来说，德语文学都是和古典文学一样非常成熟的学科，而英语文学就好像一个自己都不清楚自己应该教什么的学科。② 尽管英文学院坚定的捍卫者们一直在寻求好的解决办法，但是效果并不理想，直到 1920 年代，I. A. 瑞恰兹(Ivor Armstrong Richards，1893—1979)的一套英国文学教学方

① 克里斯·鲍迪克在《英国文学批评的社会使命：1948—1932》中的第三章：开启心智的学科(*A Civilizing Subject*)和第四章：战争的结果(*Consequences of the War*)对英国文学学科的建立做了梳理和分析。参见 Chris Baldick. The Social Mission of English Criticism 1848—1932[M]. Oxford：Clarendon Press，1983。

② 印度行政机构和军事教育委员会职务的考官 G. W. Dasent 就曾经表达过疑惑："教英国文学，到底是要教什么呢？大概就是读一读和背一背很多作家的作品吧。"参见 Chris Baldick. The Social Mission of English Criticism 1848—1932[M]. Oxford：Clarendon Press，1983：72。

法才使英文学院的教学和考试看上去系统化和专业化。①

在牛津大学和剑桥大学，英文学院的建立都受到了不小的阻力，不过牛津大学的英文学院所受到的阻力显然更大。其中，约翰·切顿·柯林斯(John Churton Collins)与德语文学学科的荣誉教授之争也值得一提。柯林斯是牛津大学英文学院建制的主要倡导者，1884 年，牛津大学设立了英语语言文学莫顿荣誉教授职位。柯林斯很高兴，认为终于有了一个为英语文学设立的职位，并申请了这个职位，可惜的是，这个职位授予给了一位资深的德语文学专家。柯林斯提出异议，认为职位不应该授予给德语文学专家，因为这显然与英语语言文学的荣誉教授职位不符。此外，他重提阿诺德一直强调的德语文学和英语文学之间的区别：英语文学是一门跟人文文化相关的文学学科，而德语文学则是一些科学死板的教条，这就好像心理学和解剖学之间的区别，解剖学的手术刀只能让人们看到神经和动脉，不会有更深层次的揭示。柯林斯以上对心理学和解剖学的类比，所表达的是对德语文学肤浅的知识性的攻击。而这个攻击也引起了除了德语文学之外的其他学科教授们的反击，如历史学、人类学等学科。这些学科的教授认为“知识性是肤浅的”这一概念其实是对很多其他学科的攻击，于是大家集体攻击英语文学的短板：没有系统严肃且可行的考试测试办法。的确，不可否认的是，虽然约翰·切顿·柯林斯振振有词，攻击了德语文学的科学性和零散性，强调英语文学的人文性和整体性，但是并未提出有效和有条理的英语文学学科的系统教学方法。

可以说，在牛津大学，英语文学的合法性获得的过程是步履维艰。但是 1893 年英语学院的提案在没有清晰的教学方法的情况下，仍然通过了。这个案例清晰地说明了以下两个事实：第一，英语学院这个教学机构的成

① I. A. 瑞恰兹在 1924 年出版的《文学批评原理》和 1929 年出版的《实践批评》将现代心理学领域的知识，特别是冲动理论，引入文学批评，并建构了一系列理论性的文学批评准则和原理，如交流理论和价值判断理论。虽然对于理论建构这一点，利维斯总是嗤之以鼻，但是不能否认的是，I. A. 瑞恰兹的理论建构使英语文学批评这个学科更具系统性。

立与教学内容、教学方法、教学测试本身有关系，毕竟它引起了辩论和思考，而且这个辩论和思考在牛津大学内部还是激烈的和持续的。第二，英语文学学科的系统的教学内容、教学方法、教学测试对于教学机构的成立并不是最主要的推动因素，正如鲍迪克所观察到的：大英帝国行政委员会（The Civil Service Commission）对于英语文学学科是否有系统条理的教学方法这个问题，并不重视，他们认为这并不重要，重要的是考生们对于英国民族伟大的诗人和作家有所了解，并以此为荣，这就足够了。① 因此，我们可以说，在教学内容、教学方法、教学测试等教学基本要素都受到质疑的情况下，牛津大学英文学院的建制成功可以说是英国民族认同信念在英国教育界的驱动结果。

利维斯显然也意识到英文学院所受到的学科质疑，他在其《英文学院设计简述》一文中对英文学院进行了学科思考和课程设计，并在此方面做出了具体贡献。这也是利维斯对此质疑的回应：英国文学批评是一门英国民族的智性学科。利维斯在其作品《我们时代的英国文学和大学》中，为英文学院地位的巩固发出了自己的声音。在19世纪末和20世纪初，也就是牛津和剑桥的英文学院建立之初，英文学院的系统教学问题并没有得到解决，而在利维斯对英语文学批评学术体制的建立和巩固的过程中所做的贡献里，我们可以看出，他对英语文学的课程设置、课程内容、课程考试等都做出了非常具体的思考和正面回答。

关于课程学习阶段，利维斯认为英语文学学科的学生应该有两个学习阶段。第一个学习阶段的学生应该已经掌握了从乔叟时代到现代的文学知识。第一阶段的文学学习相当于文学史的掌握。利维斯对文学史和文学批评进行了区分，他认为“文学史，是关于一系列的事实性知识，是已经被广泛接受了的描述和评判，是没有价值的知识习得…… 如果说文学史的知识有教育意义的话，那么它唯一的意义就在于为文学批评者提供批评智性

① Chris Baldick. The Social Mission of English Criticism 1848—1932 [M]. Oxford: Clarendon Press, 1983: 75.

的训练，这还需要争辩吗？对于英语这种荣誉课程，英语文学史脉络的考试只是这门学科的预备课程而已”。① 显然，利维斯对于文学史的评价非常低，认为它没有价值，这的确有失偏颇，它仅仅将文学史看作英语文学学科的基础而已，只有批评本身才是英语文学学科最有价值的部分。利维斯对英文学院的设计主要体现在第二阶段的文学学习。第二阶段的学习应该是两年制的学习时间，在这两年之间，学生应该写就六篇论文。②

关于课程考试，利维斯认为，既然英文学院是一个人文学院，那么这个学院就不是一个知识培训性(non-specialtraining)学院，而是一个特别的文学培育性(special training)的学院。那么，通过了第一阶段学习的学生应该知道在课程结束之后，应该上交“实践批评”(practical criticism)论文。这些论文应该是与英语文学中的诗歌和散文相关的分析性论文。考试的形式也不应该是传统的三小时之内要完成的考试，因为这种像训练运动员耐力一样的考试形式并不是此门学科需要测试的能力。考试的内容还应该有一系列的评论，包括对最近的小说、诗歌和批评等进行评论。这些评论也不需要在教室里、在规定的时间内完成。因此，考试的最后成绩给定，并不是根据在期末时教室里的一场考试来给定，而是根据在整个课程期间所上交的不同的批评作品的综合表现来给定。

关于授课内容和授课形式，利维斯认为课堂教师讲课的形式(lecture)并不可取，而有充分准备的研讨课(discussion and seminar)才是具有丰富意义的上课形式，充分的准备包括一些提前准备的阅读和写作工作。虽然这意味着学生要有辛劳的付出，但是这对于能力的提高将是有效的训练。利维斯还给出了非常具体的一些讨论课的内容选题，如“英国文学的某一特定时期”“英语道德家”“悲剧”“文学、生活和思想”等。课程之外的课后延伸学习也很重要。利维斯认为，英语文学学科的学生应该具备包容的特

① F R Leavis. Education and the University [M]. Cambridge: Cambridge University Press, 1979: 68.

② F R Leavis. Education and the University [M]. Cambridge: Cambridge University Press, 1979: 42.

性，应该能够与其他学科的知识相结合，他也给出了一些延伸选题，如："宗教历史""资本主义的兴起""内战的原因：宗教、政治和经济的关系""1688年革命及其意义""出版业的兴起"等。①

以上的一些思考是利维斯对于英语文学批评学科所受到的系统性教学质疑的正面回应。但是，如果我们仔细探究，除了看到利维斯课程教学方面的考量之外，还有以下两点在利维斯作品的字里行间或隐或现地流露出来：第一，强调文学批评是英文学院的核心学科，实践批评是文学批评的主要方式。第二，认为英国民族性和英国民族认同应该融入英文学院的课程之中。

首先，在强调英语文学重要性方面，利维斯将英语文学学科提升到智性层面。"文学并不是一个学术产业或者学术方法，而是一个培养智性与判断力的学科。"②在利维斯看来，大学的本质应该是培养人类智性的中心，"真正的大学是一个人类文明世界意识和责任的中心，是一个创造力的中心——因为一个人类智性所依赖的鲜活的传统不能没有一个创造力中心"。③ 而英文学院则是这个中心的中心，再进一步，文学批评是英文学院的中心。他在《英文学院设计简述》中说道："英文学院最核心的学科是文学批评，这是一个真正的学科，只有英文学院才能拥有这个学科，别处无法替代，它训练的是智性和鉴赏力，培养的是精确的反应能力和优雅的智性完整性。"④英语文学的重要性在大学教育中不言而喻，甚至成为中心的中心，它不仅仅只是一个专业而已，它是关乎作为整体的人的学科，而不仅仅是关乎物质世界的某个知识学科。利维斯所说的大学教育的中心，是

① 利维斯对于课程安排的具体思考参见 F R Leavis. Education and the University[M]. Cambridge: Cambridge University Press, 1979: 43-56。

② F R Leavis. Education and the University[M]. Cambridge: Cambridge University Press, 1979: 7.

③ F R Leavis. English Literature in Our Time and the University[M]. Cambridge: Cambridge University Press, 1967: 3.

④ F R Leavis. Education and the University[M]. Cambridge: Cambridge University Press, 1979: 34.

一个交流与合作的中心，他非常认同 Mr. Otis 的说法：真正的现代世界的人文教育意味着巨大的整合能力，它“不仅仅只是课程表的重新安排，不仅仅只是要求各种不同的调查报告，课前培训，等等。教育应该是哲学和历史的统一体，能够体现各种不同思想、不同力量的相互作用。”①在利维斯看来，只有英文学院才拥有这种兼容并蓄的整合能力。

其中，协作力是智性的重要因素，利维斯认为，英语文学可以提供这种协作力能力的训练。显然，英文学院的本科学生的主要任务之一就是阅读和思考，利维斯认为阅读和思考是文学批评作为智性学科的主要特点，也是学生进入批评阶段的前提。而在这个过程中，协作性如何体现呢？学生首先要阅读一些伟大诗人和作家的作品，利维斯以狄更斯的《小杜丽》(Little Dorrit)为例，谈到：“如果学生要写一个关于《小杜丽》的文学批评文章，那么，不可避免地，要进行更多的阅读和思考，你不会仅仅只是了解这部作品和狄更斯本身，狄更斯会引领你研究维多利亚时代的文化……阅读和思考会开启一段历史知识的旅程。”②这就是利维斯所说的文学批评所能带来的协作力，一种能延伸到其他学科的协作能力，如历史学科。在完成文学批评作品的过程中，阅读作品是第一步，然后是思考，最后是写就文学批评论文，文学批评论文不应该仅仅只是关乎作家和作品，而应该与作家和作品所处时代的历史文化相关，于是学生的协作力便在这个文学与其他学科相互作用的过程中被训练出来。

其次，英国的民族认同应该在大学英文学院中得到充分体现，这一点利维斯在《我们时代的英国文学和大学》中非常明晰地表达出来，毫不讳言。正如利维斯所说，“新的三角凳考试是一个有创造力的变化——这个

① F R Leavis. Education and the University [M]. Cambridge: Cambridge University Press, 1979: 6.

② F R Leavis. English Literature in Our Time and the University [M]. Cambridge: Cambridge University Press, 1967: 5-6.

变化是战争带来的变化”。① 在以上引文中，新的三角凳考试(New Tripos)是指英语三角凳考试，它所对应的旧的三角凳考试(Old Tripos)就是希腊罗马经典课程三角凳考试(Classical Tripos)。第一次世界大战使英国民族更加意识到自己的民族性，在战争中，民族意识在与他者的对抗中凸显出来。英国文化就是英国民族的文化，无论是古代的希腊罗马文化，还是毗邻的北欧文化都是异国文化。在剑桥大学，英语三角凳考试的成功设置就是英国民族认同的其中一个体现。

民族认同意味着在认同自己民族的同时，也在排斥其他民族文化。20世纪20年代，剑桥大学的英语三角凳考试(The English Tripos)②的设置也是英语文学学科建制过程中的一个重要事件。利维斯曾经强烈支持英语三角凳考试的合法性和优越性，对于英语三角凳考试，利维斯非常支持，他说“这是一个学术界能够给予的充满发展前景的机会”。③

在这个过程中，我们可以看出利维斯对北欧盎格鲁-撒克逊文化以及对希腊罗马文化的排斥。在英语文学成为一门严肃学科之前，希腊罗马经典文学学科(Classics)是人文学科中的必修课。

利维斯认为大学需要一个人文中心，一直以来，古典文学学科就是人文中心，他也毫不讳言英语文学的批判性学习④(the critical study of English Literature)的竞争对手就是希腊罗马经典文学学科。古典文学学科有其专门

---

① F R Leavis. English Literature in Our Time and the University [M]. Cambridge: Cambridge University Press, 1967: 11.

② 三角凳考试是剑桥考试的一种说法，最早和最著名的是数学三角凳考试，后来又有古典文学三角凳考试，英语三角凳考试等。

③ F R Leavis. Education and the University [M]. Cambridge: Cambridge University Press, 1979: 40.

④ 英语文学学科和英语文学批评学科一直以来都被混淆使用。在阿诺德之前，英语文学仅仅只是一个国别文学而已，并不是一个学科，而当它在逐渐成为一门严肃学科的过程中，才与批评相关，其实就是对英语文学的批判性阅读和思考。直到瑞恰兹和利维斯的年代，在英语文学学科形成系统化学科的过程中，才有了真正意义上的英语文学批评。因此，从某种意义上来说，在英语文学学科的建立之后，英语文学学科就是英语文学批评学科。

的三角凳考试，“有一种非常自信的古典文学的形式传统、拉丁化的风格、墨守成规的最佳读物。大部分的教学、讲座和考试都是古典文学三角凳考试的产物——有时候他们也教教英语，但是他们认为古典文学才是严肃的事业”。① 然而，古典文学学科在利维斯看来并不符合人们心中的人文中心这个位置。利维斯的理由是，古典文学学科并不具备人文中心所要求的“整体性”：“古典文学——希腊拉丁文学——就是人文教育的主要课程，因为在古典文学中，‘文学已经完整完美了，所有的规则都在里面了’。这是一个普遍的态度，也是一个不能给我们带来正确认识的错误的预设。”②英语文学才是具有“整体性”的文学，因为英语是一直变化的鲜活的学科，英语文学中有与“当今世界”相关的生活。“如何使我们的文化具有活力的同时也具有延续性，才是我们要面对的问题。”③古希腊罗马文学并不完整也不完美，因为它没有活力。于是，在“整体性”这一点上，利维斯将古典文学这个曾经被认为是理所当然的人文中心的竞争对手推下了神坛。

利维斯曾经对英语系的教职工任命问题做出过抗议，他曾经对一个《细察》的投稿者非常赞赏，但是这个投稿者在应聘剑桥英语系教职时没有获得任命。利维斯对此表示不满，他表达了他的抗议，在这个抗议的表达中，我们可以看到利维斯对古典文学三角凳考试的贬低和蔑视：“那些非常有力量的教职工的上司们，认为他没有资格成为剑桥英文学院的职工。这种判断是与他们对其他一些教师的任命一致的，他们只会任命那些所谓优秀的、冒充内行的、自命不凡的古典文学三角凳考试的胜出者和一些无聊的平庸人士。但是这个被淘汰的投稿者就是《细察》期刊会录用的人。”④

① F R Leavis. English Literature in Our Time and the University [M]. Cambridge: Cambridge University Press, 1967: 13.

② F R Leavis. English Literature in Our Time and the University [M]. Cambridge: Cambridge University Press, 1967: 6.

③ F R Leavis. English Literature in Our Time and the University [M]. Cambridge: Cambridge University Press, 1967: 7.

④ F R Leavis. English Literature in Our Time and the University [M]. Cambridge: Cambridge University Press, 1967: 23.

虽然这是利维斯对英文学院人事任命问题所表达的情绪，我们也可以清晰地看出他对古希腊罗马文学的三角凳考试的不屑和否定。

三角凳考试在剑桥大学是一种荣誉考试，新的三角凳考试在学科发展过程中会被提出来。在新的三角凳考试的设置中，盎格鲁-萨克逊学科(Anglo-Saxon)也曾经是英语文学三角凳考试的竞争对手。不过，盎格鲁-撒克逊学科并不能成为一个强有力的竞争对手。在盎格鲁-萨克逊学科被提名成为必修课的过程中，其被一些教授，甚至是盎格鲁-萨克逊学科自己的教授否定。利维斯用了盎格鲁-撒克逊学科主席(Chair of Anglo-saxon)的事例来说明这一点："盎格鲁-撒克逊学科主席是一名令人敬仰的、非常公正的、有清晰观点和不妥协意志的教授……他认为现在的盎格鲁-撒克逊学科运行得很好，他认为关于北欧(North)的教学已经够了，他发现只有很少的学生认为学习盎格鲁-撒克逊语言是有意义的，而且，只需要少部分学生认为这是有意义的就够了。如果将此门学科设置成为必修课，对于学生来说是一种浪费，对于真正认真对待此门学科的学者来说，将课程讲授给没有兴趣的学生也是一种浪费。"①这的确是一个强有力的例证，连剑桥大学的盎格鲁-萨克逊学科的主席都不支持将此门学科提升为必修课，可见英语文学作为民族文学学科的重要性所在。此事例的背后也许有着从阿诺德开始就存在于大学教育中的与民族认同相关的恐惧，"我们的国家不能成为一个更大的荷兰的一部分"。② 其他国家的语言文化，无论是远古的希腊罗马，还是毗邻的北欧，都是应该警惕的他国文化。

剑桥大学英语学科三角凳考试的设立是本科学术体制的组成部分，剑桥大学英文学院博士研究生学位授予制度的建立也有利维斯的贡献。从本科到研究生的学科建立，利维斯都心系英语学科的合法性和权威性，并为之发声。在这个过程中，除了希腊、罗马、北欧，美国学术制度也是利维

① F R Leavis. English Literature in Our Time and the University [M]. Cambridge: Cambridge University Press, 1967: 13.

② F R Leavis. English Literature in Our Time and the University [M]. Cambridge: Cambridge University Press, 1967: 33.

斯质疑和鄙视的对象。在 20 世纪 60 年代，剑桥大学英文学院建立博士研究生授予制度的过程中，利维斯又一次重申了英语学科的重要性：“今天我们需要提出：英语学科提供了一种真正的不可替代的意义。毫无疑问，英语学科是一门真正的值得科学家们尊重的学科。”①利维斯对于英文学院研究生制度的建立非常高兴，同时也认为这将是对美国学术制度的打击。在谈到对英语学术研究的看法时，利维斯提醒到：“我们必须警惕和防备一种非常有害的学术体制——这是一种在美国建立的强大的学术体制形式，它代表了我们国家的一种被美国影响的倾向，很多主要的学术研究者和年轻的研究者们都在美国的大学度过一段时光。”②这是利维斯所担心的，他认为学术体制的美国化也是英国学术系统应该避免的倾向，那些有美国大学学习经历的研究者可能会腐蚀英国的学术体系，带来不良影响。美国的学术体制，在利维斯看来，仅仅只是“空洞的、愚笨的大量生产博士的工厂而已”。③ 同时，利维斯对剑桥大学的博士研究生学位寄予厚望，他说：“我们在英语三角凳考试中受益，也将会在英语博士研究生学位制度中受益……英语学科的学术研究会给在三角凳考试中变得杰出的学生们继续提供教育，发现他们的兴趣和力量，知道如何在一个好的研究领域进行建设性的思考和探索。”④对于英语博士研究生学位制度的建立，利维斯还做出了具体的贡献，他在《英语学科学术研究》⑤（*Research in English*）中对“研究”这个词表达了自己的独特见解，英语博士研究生学位与其他学科不同的地方在于，“我们不是以‘为知识领域做出贡献’来评判一篇研究生论

① F R Leavis. English Literature in Our Time and the University [M]. Cambridge: Cambridge University Press, 1967: 196.

② F R Leavis. English Literature in Our Time and the University [M]. Cambridge: Cambridge University Press, 1967: 190.

③ F R Leavis. English Literature in Our Time and the University [M]. Cambridge: Cambridge University Press, 1967: 190.

④ F R Leavis. English Literature in Our Time and the University [M]. Cambridge: Cambridge University Press, 1967: 191.

⑤ F R Leavis. English Literature in Our Time and the University [M]. Cambridge: Cambridge University Press, 1967: 189.

文的好坏。显然，应该有一些不同的方式判断论文的好坏。在英文学院，研究应该与整个大学的理念相关。优秀的研究者应该有不凡的头脑、卓越的开创精神和自我奋斗精神，能够找到好的选题并钻研下去”。① 此外，具体的英文学院的“研究”重点应该在“文学”和“批评”上②，这与利维斯本科教育的核心理念保持了延续性。不过，我们在这个过程中也不得不承认，利维斯并没有给出更多的具体的博士研究生和本科生学术制度之间的区别，似乎都是在重复他之前为剑桥大学英文学院本科三角凳考试的观点而已。

还有一点值得注意的是，在为英语博士研究生制度建立发声时，除了表达对美国学术制度的鄙夷之外，利维斯同时对德国的学术体制也表达了敌意，甚至认为“我们对英文学院博士学位的授予制度化应该有如下期望：年轻的美国学生在未来会要考虑来英格兰继续学业，而不是去德国继续学业”。③ 从这个表述中，我们可以看出，在利维斯心中，除了反对英国学术体系美国化之外，德国的学术体系也是英国学术体系的竞争者，应该予以警惕和防备。

正如利维斯在《我们时代的英国文学和大学》的序言结尾所陈述的：“如果没有一种精神上的文化延续性，就不会有一个国家的伟大性——这个延续性也意味着持续的创新力量。我不会忘记，我们仍然面临着巨大的挑战和变化，一个国家也不会一直保持原来的样子。但是所有的变化都不会让我们持续创新的力量变得不那么重要和不那么有意义。”④无论世界局势如何变化，无论国家将会面临什么挑战，如何保持国家的伟大性是利维

① F R Leavis. English Literature in Our Time and the University [M]. Cambridge: Cambridge University Press, 1967: 192.

② F R Leavis. English Literature in Our Time and the University [M]. Cambridge: Cambridge University Press, 1967: 191.

③ F R Leavis. English Literature in Our Time and the University [M]. Cambridge: Cambridge University Press, 1967: 190.

④ F R Leavis. English Literature in Our Time and the University [M]. Cambridge: Cambridge University Press, 1967: 35.

斯长存心间的标尺，英语文学批评学术体制的建立过程体现了这一点。

3.3.2　英语文学教育强化民族认同文化纽带

利维斯作为剑桥大学的教师，对大学的思考甚多。从大学教育的思考延伸到整个现代社会教育的思考，利维斯总是希望自己的专业——英语文学——能够帮助英国民族强化身份认同纽带。“自亚里士多德以降，人类知识体系愈分愈细”①，在工业革命之后，知识分化的现象更加明显。利维斯曾说道：“学术界是当今世界的一部分，大学本身也处于被解体的过程中。”②大学教育的解体是社会解体的一种表现形式，大学教育作为文化传承的重要途径，反映的是文化解体的倾向和趋势，这令包括利维斯在内的大学中的知识分子们非常担忧。大学教育解体的具体表现是，大学教育中的学科越来越专业化，越来越局限于小学科的狭小范围，目的是培养出在专业学术考试中表现优秀的专才。但是令利维斯忧虑的是，没有整体的宏观的知识结构，没有通盘思考的思维方式，仅仅只有某一专业知识领域的零散知识，学生也就不具备思考完整人生的思维方式，社会也会因此零散而不聚合，文化也会因此而趋于解体。

如何解决文化解体问题，利维斯提供了他的思考：他认为大学共同体可以成为解决办法之一。对于教育的基本看法，利维斯在《大学的理念》一书中谈到两点：第一，教育应该使社会更文明，而且文明的正确方向应该是与机械文明完全相反的方向。第二，学校应该重视意识传承和传统智慧。③

从以上利维斯对大学教育理念的思索来看，面对英国的文化解体和精神衰退现象，利维斯并未消极悲观，他一直在积极寻求解决之道，在他看

① 胡强．剑桥：大学之道[J]．外语与翻译，2016(2)：92-96.

② F R Leavis. Education and the University [M]. Cambridge: Cambridge University Press, 1979: 25.

③ F R Leavis. Education and the University [M]. Cambridge: Cambridge University Press, 1979: 15.

来，大学共同体能为逐渐解体的文化提供弥合的平台和背景，在大学共同体的平台上，创建一个“真正博雅教育”(real liberal education)的中心——文学中心，能帮助英国大学在现代世界中实现博雅教育的大学理念。利维斯认为，大学教育毋庸置疑既能培养专业化人才(specialist)也能培养有教养的人(educated man)，所以博雅教育并不是要摒弃专业教育。利维斯明确提出，只有英文学院才是大学博雅教育的真正所在地，英文学院的文学中心就是人文中心的具体形式，文学中心能够履行大学博雅教育的责任。① 在利维斯眼中，在大学教育这个能够弥合社会解体的平台中，只有英文学院，也就是文学中心才能成为强化民族认同的强韧纽带。

英文教育何以能担当起强化民族认同纽带的重大责任？关于这个问题，利维斯也有其具体的思考。在利维斯看来，博雅教育应当以英文学院的文学中心为所在地，因为文学中心能够提供文学传统的精髓，文学传统又与博雅教育所赖以存在的人文传统(human tradition)息息相关。在文学中心的教育方式上，利维斯始终坚持实践原则，他所倡导的文学批评也被称为“实践批评”(practical criticism)。他强调具体而非抽象，主张实践而非漫谈。利维斯对人文主义(humanism)提出了自己的理解，从中我们也能感悟他反复强调的实践这一教育原则。新人文主义美学创始人欧文·白璧德(Irving Babbitt，1865—1933)在20世纪初提出尊重人性，关注人的潜能的人文主义，对西方学界和东方学界都产生了深远影响。白璧德学说的特点在于，关注意念和理性，努力完善健全理论，而并不谋求如何付诸实践。利维斯认为他自己所倡导的人文主义与白璧德的理念相去甚远，利维斯更关心的是“方法和策略，尽量靠近实践原则，尽量指涉具体的、真实的、个别的、鲜活的人文传统”②，而非下定义和探讨抽象理论。利维斯继而将此人文主义解读延伸到英国的大学教育。他认为，英国大学教育不应该总

① F R Leavis. Education and the University [M]. Cambridge: Cambridge University Press，1979：32.

② F R Leavis. Education and the University [M]. Cambridge: Cambridge University Press，1979：17.

是关注哲学和道德的理论与教条，而应该从历史视野出发，关注具体历史语境中的英格兰国度“传统的延续性”。①

利维斯以大学为切入点，对大学教育的思考、对英文学院的寄托、对大学共同体的想象，折射的是其对现代科技主义洪流冲击下英国社会文化解体现象的担忧，代表了英国知识分子们的社会责任和担当。利维斯所设计的文学中心，能够为逐渐解体的英国文化提供有序融合的平台，以此凝聚大学中各学科的力量，从而在现代世界中实现博雅教育的教育理念，用以凝聚英国民众。

尽管利维斯的大学教育理念得到包括美国著名文学批评家莱昂内尔·特里林(Lionel Trilling，1905—1975)在内的支持②，我们也不能无视他的教育理念受到的诸多质疑和批评。譬如，能否因为文学中心与人文传统有内在联系，仅仅靠文学批评就能拯救整个社会？利维斯的文学批评虽然强调与其他学科的合作，但在其论述中，他所说的其他学科几乎都属于人文或社会科学领域，自然科学领域的学科则鲜少涉及。除此之外，利维斯的言语犀利，他对其所不认同的文学创作者经常使用苛刻的言辞驳斥，这种表达方式也使他饱受诟病。即便如此，利维斯仍然顽强地坚持其理念，正如他所说：“我们所努力的工作，尽管只完成了一丁点，真正的理念，尽管只实现了一丁点，也会带来巨大的不同和影响。”③的确，不可否认的是，作为一个剑桥大学的边缘人物，利维斯的努力受到很大的阻力，他的大学教育理念可能也没有完全实现，但是经过他以及整个利维斯集团的不懈付出，英语文学从边缘学科走向中心学科，并得到广泛传播，形成了巨大影响，这已成为不争的事实。利维斯在文学教育中所做的努力对增进英国民族的民族认同情感，强化英国民族的认同纽带有着不可磨灭的作用。

---

① F R Leavis. Education and the University [M]. Cambridge: Cambridge University Press, 1979: 18-19.

② 我们可以在《教育：让人成为人——西方大思想家论人文与科学》中所收录的莱昂内尔·特里林的文章中体会到其对利维斯的支持。

③ F R Leavis. Education and the University [M]. Cambridge: Cambridge University Press, 1979: 34.

第4章　利维斯文学批评中民族认同视域的反思

利维斯的文学批评对英国民族认同的追求和实践，及其对英国民族认同的影响，也给我们带来了反思的素材。我们应该审慎对待民族认同与文学批评之间的关系，也就是一种共同体情感与一种审美判断之间的关系。仔细考察文学、文学批评、文学批评家、民族认同之间的辩证互动关系，可以帮助我们更加深刻地体会文学深层的文化政治属性、民族认同需求赋予文学批评的社会责任，以及民族认同对激化文学想象中的帝国优越感所起的重要作用。但是文学批评家们也应该注意到，过分强调民族认同在文学批评中的作用可能会导致一些负面影响，特别是宗主国民族认同激发帝国优越感这一点应该引起有识之士们的重视和警惕，文学批评家们对帝国主义优越感所带来的负面影响应当谨慎对待。

4.1　发掘文学深层的文化政治价值

亚里士多德认为，“人类在本性上，正是一个政治动物”。[①] 那么，“作为政治动物，人就不能离开政治和道德观点来考虑文艺问题”。[②] 民族认同是一种身份认同，文化在民族身份认同建构过程中起着重要作用，作为国家民族意识形态不可忽略的组成部分，文学的文化功能对民族共同体的认同情感的构建非常重要。利维斯的文学批评中所含的明显的民族认同维度的考量能帮助文学批评家们更加意识到文学的社会政治功能，发掘文学深层的文化政治属性。

4.1.1　继承和发扬英国文学批评中的文化政治传统

英国文学批评中的文化政治传统由来已久，“作为一种文化传统，其历史至少可以追溯到 18 世纪”。[③] 殷企平曾在《文化辩护书：19 世纪英国文化批评》中指出：“19 世纪已经有人认识到，英格兰希望建成的美好社会有赖于某种叫作‘文化’的东西。”[④]可以说，英国的文化批评传统从 18 世纪开始到 19 世纪，经由“卡莱尔、阿诺德、罗金斯、金斯利和莫里斯等人的培育，发芽生长，开花结果”，19 世纪的文化批评家也是文学批评家，他们的文化批评旨在对抗工具理性和科学主义。而这种文化批评传统也从 18 世纪一直延伸到利维斯所处的 20 世纪。从 20 世纪初开始，一批颇有成就的英国文学家和文学批评家，继承并发扬了英国文学批评中的文化传统，这些文学批评家包括 T. S. 艾略特、F. R. 利维斯、雷蒙·威廉斯等。

利维斯在英国文化批评传统的影响下，将英国文学批评与文化批评紧密联系在一起。利维斯在其早期作品《文化与环境》(*Culture and Environment*)(1933)一书中就将文学批评与文化批评盘根错节地交织在一起。在此书中，利维斯花了大量篇幅来批判和反对广告业，对利维斯来

---

① 亚里士多德. 政治学[M]. 北京：商务印书馆，1981：7.

② 朱光潜. 西方美学史[M]. 北京：商务印书馆，2011：91.

③ 殷企平. 文化辩护书：19 世纪英国文化批评[M]. 上海：上海外语教育出版社，2013：2.

④ 殷企平. 文化辩护书：19 世纪英国文化批评[M]. 上海：上海外语教育出版社，2013：2.

说，广告是商业社会的体现，是“标准化”工业生产商们用来诱骗消费者的文字和图像诱饵。畅销书出版商们也在报纸期刊上刊登商业广告来吸引读者大众购买畅销作品，利维斯对此极其反感。对利维斯来说，畅销小说中的文字没有精神给养，为了金钱利益用粗俗的语言对文学作品做广告，长远来说，对英国民众不会产生正面影响。在《文化与环境》的《广告、小说和国民生活现状》(*Advertising*, *Fiction and the Currency of National Life*)一节中，利维斯对畅销书的广告进行了细致的分析，并从风格上批判了畅销书的写作风格，其中利维斯援引了一则关于莎士比亚的畅销书《和莎士比亚在他的花园里》(*With Shakespeare in His Garden*)的广告：

> 莎士比亚是一个写了一些好句子的诗人，但是他并不是一直在写诗歌。他与安妮·海瑟薇恋爱了，而且总是和她坐在烟囱角落那里。想知道莎士比亚对她说了什么吗？想知道莎士比亚给他的爱人讲了什么故事吗？去斯特拉特福德①吧，坐在那个莎士比亚坐过的角落里，感受那个不朽的灵魂给你的精神提升吧。

此畅销书广告的英文原文如下：

> Shakespeare was a poet who got in some goodlines, but he wasn't writing poetry all the time. He fell in love with Anne Hathaway, and used to sit in the chimney corner with her. Wouldn't it be great to know what Shakespeare said to her, what was the tale that Shakespeare told his love. Go to Stratford and sit in the corner where Shakespeare sat and feel your spirit lift at the touch of an Immortal. ②

---

① 斯特拉特福德是莎士比亚的故乡。

② F R Leavis, Denys Thompson. Culture and Environment[M]. London: Chatto & Windus, 1934: 50.

从以上广告原文我们的确可以看出，广告的立意粗俗、用词简单。利维斯对此广告的语言非常不满，认为此广告语言只能给读者带来低劣的情感反应，利维斯说，这种粗俗的语言风格是“如此地不真诚、情绪化和低俗”。① 利维斯在此篇文章的结尾援引了 D. H. Lawrence 作品中的一个段落，用以对比不同的语言风格。对于类似的与文学作品相关的商业广告，利维斯说，“从这些广告中，学生们可以清楚地看到，广告对语言的贬损并不只是关于词汇这么简单，它所反映的是情感生活的贬值，所体现的是关于生活质量的降低。广告中所采用的这种很明显故意使用的风格伎俩，在商业利益的驱使下，完全失去了真诚”。② 利维斯认为将这样的广告作品与真正的散文和小说进行对比，学生们就会有更好的判断。③ 将畅销书商业广告语言与经典文学语言进行对比，是利维斯文学批评中文化旨归的体现，他的文学批评总是立足文学，立足他心中的伟大的英国文学，同时，也不忘与当时社会中的文化相联系，以此告诫消费者并启发读者。

英国文学批评中的政治传统也是文学批评传统的重要元素。文化与政治关系密切，互相作用。在特雷·伊格尔顿的《历史中的政治、哲学、爱欲》一书中，伊格尔顿在此书的《文化政治与性政治》一节里，曾经就文学、文化、政治等问题进行了探讨，伊格尔顿对比了 T. S. 艾略特、F. R. 利维斯以及雷蒙·威廉斯三者对于共同文化的看法区别，认为他们的观点分别是政治保守主义、政治自由主义、政治激进社会主义的体现。关于利维斯的文化政治观，伊格尔顿认为，在利维斯的观点中，“文化艺术与文化社会相结合时，只有通过有意识的努力才能使自身免受贬损，从而创造性地

① F R Leavis, Denys Thompson. Culture and Environment [M]. London: Chatto & Windus, 1934: 51.

② F R Leavis, Denys Thompson. Culture and Environment [M]. London: Chatto & Windus, 1934: 49.

③ 在《文化与环境》一书中，利维斯将广告用语作为英国文学语言教学的一个教学案例，英语文法等知识并不是利维斯文学教育的重点，用文学语言来教授文学，用文学来启发学生智性，提升学生英国民族经典文学认同度才是利维斯时刻放在心中的重心所在。

闯入在这种社会里的只能是少数人的意识和行为，这种创造性的活动应该由相当明敏且有防卫能力的精英们去悉心筹划”。①

利维斯的精英主义文化政治观是自由主义的代表，精英阶层对国家民族的带领，才能使英国走向更加正确和光荣的方向，这也是是利维斯等自由人文主义知识分子在英国民族遇到内忧外困危机之时的反应，是民族认同心理所驱使他们做出的回应。

4.1.2 启发和激活英国文化研究学派的政治批评视域

英国文化研究学派②衍生于以利维斯和 T. S. 艾略特为代表的一批英国文学批评家的文学批评，“追根溯源，文化研究脱胎于文学批评”。③ 有学者认为，是文学批评家们“对生存状况的思考带来了文学研究中的社会学视角，进而形成文化意义上的变迁”。④ 利维斯的文学批评与文化批评关系紧密，他的文学批评中有文化批评，文化批评中有文学批评，两条批评路线一直是交叉重叠的。利维斯的文学批评和文化批评的最终指向都是文化。继承了马修·阿诺德衣钵的利维斯对文化问题极为关注。以文学批评为形式、以精英文化传统为主导，对大众文化进行批判的利维斯主义非常有影响力。后来伯明翰学派完成了对利维斯主义的继承、挑战、反抗和超越。毋庸置疑的是，即便“大众文化”一词的内涵发生了变化，走向了它最

---

① 特雷·伊格尔顿. 历史中的政治、哲学、爱欲[M]. 马海良译. 北京：中国社会科学出版社，1999：137.

② 根据赵国新的整理，“在霍加特的大力倡导下，当代文化研究中心(Center for Contemporary Cultural Studies)于1964年在伯明翰大学成立，该中心在行政上属于英文系，霍加特为主任”。文化研究的发展历程如下：“在60年代，文化研究中心重视工人阶级的文化趣味和生活方式的研究，在70年代主要关注媒体文化和青年亚文化，80年代以来，种族问题和女性问题又成为研究热点。”参见赵一凡，张中载，李德恩. 西方文论关键词[M]. 北京：外语教学与研究出版社，2006：561-562。

③ 赵一凡，张中载，李德恩. 西方文论关键词[M]. 北京：外语教学与研究出版社，2006：558.

④ 金莉，李铁. 西方文论关键词(第二卷)[M]. 北京：外语教学与研究出版社，2017：634.

初意义的反面，利维斯主义的大众文明批判和法兰克福学派的文化工业批判都是伯明翰学派的理论土壤，它们一起孕育了日后风生水起的文化研究。可以说，利维斯的文学批评突破了文学内部界限，走向了更广阔的文化领域，利维斯也成为 20 世纪 50 年代以来文化研究的先声人物。陆建德先生也曾说："近年来，文化研究成为显学，热心传播者突然发现，雷蒙·威廉斯曾受惠于利维斯，利维斯竟然是文化研究的先驱！"①从 20 世纪 60 年代末霍尔主持研究中心的工作开始，"阿尔都塞的意识形态理论风行……英国文化研究实际上就是意识形态研究"。② 其实，如果我们仔细阅读利维斯的批评作品，从早期利维斯的文学批评开始，利维斯的民族认同视域就为文化研究的意识形态视域种下了种子，利维斯文学批评中的国家民族情怀启发了后来的英国文化研究学派。

弗朗西斯·穆尔汗(Francis Mulhern)在《〈细察〉的时刻》一书中，专辟一章题为《政治的宣言》(The Claims of Politics)，仔细分析了利维斯主编的《细察》期刊中的政治精神气质(political disposition)。正如穆尔汗所说，《细察》期刊从一开始就是政治性的，虽然是以"人类的名义"。

穆尔汗眼中的利维斯派的文学批评，其实都反映了文学深层的文化政治属性，在谈到《细察》期刊所秉承的文化观时，他说："文化是肥沃的政治思想的土壤，是永恒的前提条件。不论是说文学'超越'了政治还是'超脱'了政治，文化都是批准政治的'元审判者'，不同的政治都站在审判员面前，文化以'人类'的名义审判它们。"③

---

① F R 利维斯. 伟大的传统[M]. 袁伟译. 北京：生活·读书·新知三联书店，2009：序言。

② 赵一凡，张中载，李德恩. 西方文论关键词[M]. 北京：外语教学与研究出版社，2006：562.

③ 此段关于《细察》所体现的利维斯派的文化政治观的原文为："It was now seen as the permanent precondition of fecund political thought. Ever 'above' and 'beyond' politics itself, culture was a permanent meta-political sancation, the tribunal before which all politics stood judged, in the name of the 'human'." 参见 Francis Mulhern. The Moment of *Scrutiny*[M]. London: New Left Books, 1981: 99。

从《细察》的创刊之言开始，这本文学批评期刊对于自己的政治性就直言不讳："读者们会发现，这并不是一个纯粹的文学评论期刊。读者可能会想，那我们的兴趣关怀主要是什么呢？政治方面的关怀，这是其中一个。"①对于文学批评家的理想，利维斯在文章《文学的心灵》(*Literary Mind*)中说道："重新活跃一个传统或者改变一个堕落的传统是现在我们亟需做的事情，这个目标可能不会实现。但是《细察》的读者们应该会同意，如果要进行这个信仰之战，这与相关的社会和政治运动不无关联。解决问题的办法只能落在教育上"。② 而且，利维斯认为，"最终的最终，解决问题的办法只能落在英语教育上"。③ 穆尔汗认为，利维斯沿袭的是阿诺德的无关利害的文学批评观，文学和文学批评本都应该只是文化的一部分，是作为能够拯救工业革命污染的现代文明的方式，但是《细察》期刊将文学批评作为"教育改革的实践方式和努力的方向"。正如《细察》期刊的另一主编L. C. 莱次所说："《细察》在教育改革上的兴味关怀在本质上就是'政治实践'。"④利维斯的《文学的心灵》发表于1932年，此时的英国正处在两次世界大战的中间。也正如穆尔汗所观察到的，虽然利维斯派总是注意自己文学批评的专业性，与英国和欧洲的政治秩序之间保持一定的距离，但是，在强调文学批评的审美性的同时，利维斯派也一直在强调他们的文学批评与政治之间的紧密关系。虽然文学批评家会有"复杂的考量"，但是这种拒绝文学批评中的"公式性和简单化的原则"(formula or simple creed)并不意味着文学家们在政治上的无责任心。这当然与英国当时的政治环境相关，"在英国国内，政治秩序处在危机之中，民众失业率飙升。在国外，法西

① F R Leavis. *Scrutiny*: A Quarterly Review I (1932—1933) [M]. Cambridge: Cambridge University Press, 1963: 3.

② F R Leavis. *Scrutiny*: A Quarterly Review I (1932—1933) [M]. Cambridge: Cambridge University Press, 1963: 31.

③ F R Leavis. *Scrutiny*: A Quarterly Review I (1932—1933) [M]. Cambridge: Cambridge University Press, 1963: 31.

④ Francis Mulhern. The Moment of *Scrutiny* [M]. London: New Left Books, 1981: 80.

斯主义正带来政治恐惧、文化退化和战争的威胁、史无前例的残暴的到来”。① 利维斯派也强烈地感受到了德国和意大利给英国带来的军事上的威胁。②《细察》期刊的第一期就刊登了 G. 洛斯·迪金森（G. Lowes Dickinson）的一篇题为《政治背景》的文章，文章中迪金森谈到当时社会最重要的两个问题就是战争和资本主义，每一个人都会直接且深刻地受到这两个问题的影响。“无论你是一个政治家还是普通人”，都摆脱不了这种影响。他在谈到科学和文学艺术时，说道，本质上来说，科学可以被看作政治的机器，被统治者操控的政治机器。接下来，迪金森不无遗憾地说：“即便文学和艺术想要独立于各方利益，文学家和艺术家也做不到。”③因此，无论是科学还是文学艺术，都有其文化政治属性。迪金森的这篇文章刊登在《细察》期刊的第一期。由此可以看出，文学批评期刊编者们对于文学批评的文化政治属性从一开始就具有高度的自觉和自知，并且在英国民族内忧外患的政治环境中，主动承担了他们能够承担的政治责任，至少在构建英国民族认同的过程中尽了一份力量。

马海良在梳理特雷·伊格尔顿的文化政治学逻辑时，曾谈到，“批评的政治性就是批评所表现的对现实社会组织方式和权力关系的态度和立场”。因此，我们可以说，以利维斯派的文学批评为代表的“整个英国现代批评都以实际表现证明：批评存在的首要理由是它的政治性”。④

对利维斯文学批评中的民族认同维度的反思使我们更加深刻地理解文学以及文学批评的文化政治属性，有助于文学批评家更深刻地认识文学批评的意识形态功能，但是利维斯强烈的民族认同意识也可能使其在一定程

① Francis Mulhern. The Moment of *Scrutiny* [M]. London: New Left Books, 1981: 81.

② F R Leavis. *Scrutiny*: A Quarterly Review I (1932—1933) [M]. Cambridge: Cambridge University Press, 1963: 41.

③ F R Leavis. *Scrutiny*: A Quarterly Review I (1932—1933) [M]. Cambridge: Cambridge University Press, 1963: 46.

④ 马海良. 文化政治学的逻辑：伊格尔顿的文化批判思想概要[J]. 外国文学, 1999(04): 52-59.

度上忽略了文学的审美维度。在进行价值判断的过程中，文学批评家们如何在强调政治价值判断这一维度的同时，保持对文学的美学判断维度的观照，这也许是文学批评家们值得反思的问题。

4.2 赋予文学批评重要的社会责任

"作为一种社会动物，作为一个具有自我反思性的主体，人人都面临如下问题：我是谁？我们是谁？……我们必然会注意到我和他，我们和他们的许许多多的差异，自觉到我和我们自己的文化特性。"①我们与他们的重要区别之一就是文化特性的不同。文学批评，作为广义的文学范畴中的组成部分和重要元素，能帮助民众找到自己在社会中的文化认同，与此同时，文学批评也担当起了构建文化认同的社会责任，其中，民族认同便是现代社会文化认同非常重要的一环。

"文化中的延续性将有赖于文学传统。"②利维斯将延续社会文化的重担放置于文学传统的肩膀之上，体现了文学批评所肩负的重要社会责任。利维斯在文学批评中对个人主义文学价值观的反拨以及对文学的国家—集体责任的强调，代表了文学批评界为英国民族集体信仰做出的努力。

4.2.1 对个人主义文学价值观的反拨

利维斯在文学批评中对民族文学传统的重视，其实是对工具理性思维引导下的技术社会的抵制，也是对现代文化个人主义价值观的回应，现代社会人们之间的关系越来越冷漠，越来越疏离，碎片化、无秩序等现代主义概念也体现在现实社会生活中，个人主义凸显，集体情怀淡化。这显然对英国国民情感的凝聚力毫无益处，对英国社会共同体的情感弥合也只会起到反作用。因此，利维斯对于个人价值的否定，其实是对集体价值的肯

① 周宪．文学与认同[J]．文学评论，2006(6)：5-13.

② F R Leavis，Denys Thompson. Culture and Environment[M]．London：Chatto & Windus，1934：1.

定和宣扬。

利维斯认为，现代工业社会的生活方式正在摧毁传统的其乐融融的集体生活方式，而传统的集体生活方式才是能够代表古老英国人民的生活方式。利维斯不否认工业文明带来的益处，但是他对工业文明的警惕显而易见，利维斯认为“工业文明给我们带来了诸多好处，但是它摧毁了过去的生活方式和过去的生活形态”。① 在《文化与环境》一书中，利维斯将自己的观察和体会论述如下，“我们住在我们能方便生活的地方，或者我们能支付价格和税金的地方，我们住在有邻居，还有交通，系统还有燃气网、水网，还有电网组成的聚合结构里。古老的、有序的、如古风遗物般的生活方式还可以在遥远的乡村找到，比如说约克郡的山谷，在那里，公共汽车、无线电、电影院还有教育都在迅速地摧毁它们——它们很难再撑 10 年了”。② 在利维斯眼中，古老的生活方式是有序的，可是令人遗憾的是，这种生活方式已经慢慢消失，像遗物一般逐渐被人遗忘。利维斯认为，古老的英国民众的生活方式是“有机社会”(organic community)的生活方式，利维斯曾经就“有机社会”做出如下阐述：“我们失去的是鲜活的文化所代表的有机社会。民间歌曲、民间舞蹈、科茨沃尔德村舍和手工艺品都是有机社会的标志，它们还意味着更多：一种生活的艺术，一种生活方式，有序的、包含着社交艺术的、交往艺术的和有回应的、调整的、从远古的经验中生长出来的、与自然环境相生的以及跟随着年轮的节奏韵律的有机社会。”③从利维斯对古老的有机社会的定义中，我们可以看出，有机社会是一种强调秩序性、整体性、延续性、交流性的重视民众集体生活的社会，这与现代社会中的无序、碎片、断裂、疏离等特点截然相反，与现代社会

① F R Leavis, Denys Thompson. Culture and Environment [M]. London: Chatto & Windus, 1934: 3.

② F R Leavis, Denys Thompson. Culture and Environment [M]. London: Chatto & Windus, 1934: 2.

③ F R Leavis, Denys Thompson. Culture and Environment [M]. London: Chatto & Windus, 1934: 1.

生活中个人关系疏离的、强调个体独立性的生活方式截然不同。对利维斯来说，“这种文化中的延续性将有赖于文学传统”。① 利维斯将有机社会所代表的英国民族文化的延续性的重担放在了文学传统的肩上。文学传统代表了延续、整体和有序，它能培养民众的社会集体意识，这一点与利维斯对艾略特的《传统与个人才能》(*Tradition and the Individual Talent*)的推崇不无关联。特雷·伊格尔顿曾经对利维斯对艾略特的赞同做出如下阐述：

“利维斯迅速地赞同艾略特对《失乐园》(Paradise Lost)的判断非常具有反讽意味。弥尔顿之后……英国文学堕落成为浪漫主义和维多利亚风格：此时，‘诗的天才’(poetic genius)、‘个性’(personlaity)和‘内心之光’(inner light)根深蒂固，而所有这些都是一个业已丧失集体信仰和堕入漫无目标的个人主义社会的导致无秩序的学说。”②

从上述引言中我们可以看出，利维斯对文学中的个人主义价值持否定态度，浪漫主义风格中所强调的“诗人的天才创造力”并不是值得大家崇拜的，在优秀的诗作中，诗人个人的功劳并不是最大的。因此，对利维斯来说，在文学中，文学传统的价值远远大于个人主义价值，利维斯所推崇的是艾略特关于“传统与个人价值”的文学思想：“人们必须为一个非个人的秩序而牺牲自己微不足道的个性和见解。在文学范围内，这一非个人的秩序就是大写的传统(Tradition)。”③艾略特的文学观所体现的是其对整体和集体的重视，一个文学家或许有着惊人的个人才能，但是个人的诗才能力来自于他所阅读过的从古到今的经典文学作品，这样才有那诗人灵感出现的刹那。“传统与个人才能”强调的是，诗人的个人才智不应该被夸大，属于集体的非个人的文学传统才是诗人个人才智的根基所在，是伟大的文学

① F R Leavis, Denys Thompson. Culture and Environment[M]. London: Chatto & Windus, 1934: 1.

② 特雷·伊格尔顿. 二十世纪西方文学理论[M]. 伍晓明译. 北京：北京大学出版社，2007：38.

③ 转引自特雷·伊格尔顿. 二十世纪西方文学理论[M]. 伍晓明译. 北京：北京大学出版社，2007：38。

传统使诗人的个人才智和灵感成为可能。所以，“自由主义、浪漫主义、信教主义、经济个人主义：所有这些都是那些被有机社会的乐园中放逐出去的人的反常信条，他们因为已经别无长物而只能求助于自己那渺小的个人才智”。①

除此之外，利维斯对 D. H. 劳伦斯的喜爱也与此有所关联。对于劳伦斯来说，“情感、个性和自我都已同样失去信用，因此他们必须为自发的创造性的生命/生活（spontaneous-creative life）的无情非个人力量让路”。②对于利维斯来说，“情感”是个人的，是和浪漫主义情调相关的局限于自我的，是不值得追寻的。其实，利维斯眼中的“情感”和劳伦斯眼中的“情感”一样，他们强调的是，面向内心的，个人的情感是虚弱的，没有力量的，是需要克制和反抗的。利维斯和劳伦斯都不排斥，甚至鼓励另外一种情感：面向外部的、集体的情感。

在利维斯看来，个人力量是脆弱的、渺小的，而没有脆弱情感的非个人力量，也就是集体的情感力量才是强大的、伟大的。其实，对于利维斯来说，如果文学界总是强调诗人的个人情感和个人内心之光，这就如同英国社会总是强调个人的力量而忽视集体信仰一样，这令利维斯担忧。

4. 2. 2　对文学的国家—集体责任的强调

民族认同是一种集体认同，利维斯在文学批评中强调国家—集体责任是因为在利维斯眼中，文学批评能够承担起弥合英国民众日渐疏离的集体情感，文学批评肩负着凝聚民心、振兴民族力量、增强民族认同感的社会责任。

在克里斯·鲍迪克的《英国文学批评的社会使命》（*The Social Mission of English Criticism* 1848—193）一书中，鲍迪克也注意到，以利维斯为代表的

① 特雷·伊格尔顿．二十世纪西方文学理论[M]．伍晓明译．北京：北京大学出版社，2007：38.

② 特雷·伊格尔顿．二十世纪西方文学理论[M]．伍晓明译．北京：北京大学出版社，2007：41.

批评家所撰写的文学批评对于英国社会民族认同构建的重要社会责任和使命。鲍迪克认为，虽然阿诺德提倡文学批评应该被冠以“无关利害(disinterested)”的纯粹性质，但是这只是表面的，这不能掩盖阿诺德传统其实在本质上关心的是文学批评的社会功能，而利维斯则将这个“隐藏的和不明显的传统”①发扬光大。关于英国文学构建民族认同的社会责任这一点，在利维斯的作品中屡见不鲜，并且除了像阿诺德一样将文学冠以审美特质之外，英国文学批评家应该承担起提升“爱国民族主义”精神的社会责任。

爱德华·希尔斯(Edward Shils)曾说，近代知识分子是这样一批少数人，他们对于神圣的事物非常敏感，对于宇宙的本质和社会规则能进行深度反省。“在这少数人之中，有需要口述和书写的论述、诗或立体感的表现、历史的回忆或书写、仪式的表演和崇拜等活动，来把这种内在的探求形诸于外。”②文学批评家作为知识分子，也总是以书写等形式来将自己的社会责任形诸于外。爱德华·萨义德在《知识分子论》(*Representations of the Intellectual*)中曾探讨作为知识分子的批评家们的社会责任，他分析了新闻用语中的“我们”这个词汇，认为“我们”在指编辑们自己的同时，也在暗示民族集体的认同。“新闻业固定一国语言(如英文)的存在本身通常所暗示的意义，也就是民族的社群，民族的认同或自我。”“我们”和“他们”所使用的这些“重复集体的套语”是维持民族认同的一部分。萨义德进一步分析道，就像“近代的新闻业一样，知识分子的角色理应是协助民族的社群更感受到共同的认同感，而且是很崇高的感受”。③ 萨义德继续用马修·阿诺德对文化的定义分析了知识分子的使命。他提到阿诺德在《文化与无政府

① Chris Baldick. The Social Mission of English Criticism 1848—1932[M]. Oxford: Clarendon Press, 1983: 234.

② 爱德华·萨义德. 知识分子论[M]. 单德兴译. 北京: 生活·读书·新知三联书店, 2002: 35.

③ 爱德华·萨义德. 知识分子论[M]. 单德兴译. 北京: 生活·读书·新知三联书店, 2002: 30-31.

状态》中所表达的观点："民族文化所表达的是曾经说过或者思考过的最佳事物。"而"知识分子不言而喻的需求就是使人民冷静，让人民知道最好的观念和最好的文学作品构成属于民族社群的方式"。①，因此，以马修·阿诺德和利维斯为代表的文学批评家一直以协助民族的社群提升民族认同感为自己的社会责任。

如果说利维斯所代表的文学批评家们赋予了文学批评重要的社会责任，试图构建英国"民族的象征、神圣的传统、崇高不可侵犯的观念"②，并以此来黏合社会成员，巩固社会共同体；那么萨义德对于批评家的民族认同构建则更加高于利维斯的认识。萨义德认为："知识分子应该让所有人类都意识到危机的存在，从更广大的人类范围来认知发生在某个特定民族范围的苦难。一个民族的被侵略、被屠杀、被剥夺权利的苦难与全世界人类的苦难是相联系的，仅仅只是关注一个民族的苦难本身是狭隘的，不够的。"③显然，如果从萨义德的这个角度来理解文学批评与民族认同的关系，我们可以看出以下两点：首先，文学批评与民族认同之间有着相互影响的互动关系。其次，仅仅只是将文学批评作用于狭隘的局部的社会中的民族认同是不够的。文学批评应该有更宏大的批评目标和更深远的影响力，应该着眼于更多的民族，更广大的人类社会。

利维斯从文学批评的民族认同视域出发，告诉我们文学批评有其重要的社会责任。正是这样，以文学批评家为代表的知识分子们更应该小心翼翼地对待自己肩负的神圣责任和使命。批评家们在进行价值判断的过程中也许应该考虑如下问题：如何平衡个人文学价值观和集体文学价值观以及如何避免狭隘的极端国家民族集体意识。萨义德关于知识分子的社会责任

---

① 爱德华·萨义德．知识分子论[M]．单德兴译．北京：生活·读书·新知三联书店，2002：31.

② 爱德华·萨义德．知识分子论[M]．单德兴译．北京：生活·读书·新知三联书店，2002：36.

③ 爱德华·萨义德．知识分子论[M]．单德兴译．北京：生活·读书·新知三联书店，2002：41.

观或许值得文学批评家们借鉴和反思。

4.3 建构文学想象中的帝国优越感

两次世界大战带来的结果之一，是德语文学在英国剑桥牛津的地位骤降。与此同时，英文系的地位显著提升。在这样的时代背景下，利维斯主义也逐渐扩散，英国文学成为一个构建英国民族文化的庞大储存库，变成英国民族文化最好的象征，“甚至成为大英帝国殖民开拓的先头部队，成为文化帝国主义的一个直接组成部分”。① 利维斯在其文学批评中颂扬英国文学，建立英国文学的“功劳簿”，同时，发掘并传播英国文学中所承载的英国民族文化，激活殖民地国家对宗主国大英帝国文化的向往，在文学想象领域，建构大英帝国的优越感。

4.3.1 建立英国文学的“功劳簿”

正如萨义德所说，“建立帝国”这个概念是“维系帝国”的基础，“一切准备工作都是在文化中做的”。② 英国文学作为文化的组成部分，在悄无声息之间，帮助大英帝国统治者们传播英国的帝国优越感。“伟大的欧洲现实主义小说达到了它的主要目的之一——几乎无人察觉地维持了社会对向海外扩张的赞同……这种赞同帝国主义背后的自私势力，会利用没有功利目的的保护色，如慈善、宗教、科学和艺术。”③

利维斯对简·奥斯丁、乔治·艾略特、亨利·詹姆斯、约瑟夫·康拉德和 D. H. 劳伦斯的现实主义小说的批评，从某种程度上来说，是利维斯在文学批评实践中发掘英国民族文化的传统和特色，并赋予英国民族文化

① 陆扬，王毅．文化研究导论[M]．上海：复旦大学出版社，2011：77.

② 爱德华·萨义德．文化与帝国主义[M]．李琨译．北京：生活·读书·新知三联书店，2016：11.

③ 爱德华·萨义德．文化与帝国主义[M]．李琨译．北京：生活·读书·新知三联书店，2016：13.

高贵优雅的玫瑰色，这都是为建立英国民族文学的“功劳簿”，构建英国民族文学的优越感所做出的努力。而后，这份优越感在英国的大学中传播，然后经由英国统治阶级的官方机构在殖民地国家传播，散播到更广阔的地方。正如克里斯·鲍迪克所指出的，“将英国文学纳入维多利亚时代文官考试的重要性：一旦由方便的包装过的自己的文化财富武装起来，大英帝国主义的政府官员们就可以怀着对自己的民族认同的安全感而冲向海外，并且还能够向羡慕他们的殖民地人民炫耀这种文化优越性。”①特雷·伊格尔顿认为，英国文学，“是一门适合于妇女、工人和那些向殖民地人民炫耀自己的人的学科”。②

利维斯在其作品中对英国文学的推崇，特别是其构建的伟大的英国文学传统，都是在建构文学想象中的大英帝国的文化优越感。这种优越感体现在英国文学强调的“道德”“同情”“责任”“真诚”等人类的至高优良品质上。在利维斯的文学批评中，利维斯将以上优良品质赋予给英国文学，甚至似乎只有英国民族的文学才拥有这些品质，只有英国民族的文化才有这些高贵的品德，英国文学的价值得到前所未有的提升。从利维斯的文学批评实践中，我们可以看出文学批评家对民族文学作品的影响力非常之大，“可以毫不过分地说，没有《伟大的传统》，就没有《米德尔玛契》(及其作者)在今日英国文学史上崇高的地位”。③ 可以说，利维斯在提升乔治·艾略特在英国文学中的地位的同时，也提升了英国文学在欧洲文学乃至世界文学中的地位，同时也提升了英国民族在欧洲乃至世界中的地位。在《伟大的传统》中，利维斯对乔治·艾略特的褒扬，基于利维斯所发现的乔治·艾略特的优良品质，以及乔治·艾略特作品中所传递的优良品质，如

---

① 特雷·伊格尔顿．二十世纪西方文学理论[M]．伍晓明译．北京：北京大学出版社，2007：28.

② 特雷·伊格尔顿．二十世纪西方文学理论[M]．伍晓明译．北京：北京大学出版社，2007：28.

③ F R 利维斯和《伟大的传统》见 F. R. 利维斯．伟大的传统[M]．袁伟译．北京：生活·读书·新知三联书店，2009：序言。

“高尚的真诚和自我奉献精神”①“隐忍克己的道德律令”②“智性和真正的道德洞察力”③“富有责任和道德的义务者”④“被同情之光照亮的智识”。⑤这些用词都是利维斯在对乔治·艾略特及其作品的批评中所用的溢美之词。这些溢美之词不仅仅只是提升了乔治·艾略特及其作品的荣誉度，同时还将它们悄无声息地赋予给了英国文学，因为乔治·艾略特是英国文学伟大传统的承载者。与此同时，这些优良品质也悄无声息地被利维斯赋予给了英国民族的伟大文化，被赋予给了大英帝国的文化。

英国文学在利维斯及其他利维斯集团成员的推动下，不仅仅成为“一门值得研究的学科，而且是最富于教化作用的事业，是社会形成的精神本质”。⑥ 从此，英国文学的功能得到非同一般的重视，英国文学“绝非某种业余性的或单凭印象的冒险，而是一个竞技场，在这里，有关人类存在的一些最根本问题——作为一个人而存在意味着什么，与他人发生有意义的关系意味着什么，依据最根本的价值的中心而生活意味着什么——都被鲜明生动地凸显出来”。⑦

文学与人类存在价值之间的关系一直是哲学家和批评家们所探讨的命题，这本不足为奇，但是在利维斯集团的文学批评实践中，此命题被提升到前所未有的高度。特雷·伊格尔顿认为，“《细察》期刊之坚韧不拔地专

① F R 利维斯．伟大的传统[M]．袁伟译．北京：生活·读书·新知三联书店，2009：60.

② F R 利维斯．伟大的传统[M]．袁伟译．北京：生活·读书·新知三联书店，2009：61.

③ F R 利维斯．伟大的传统[M]．袁伟译．北京：生活·读书·新知三联书店，2009：114.

④ F R 利维斯．伟大的传统[M]．袁伟译．北京：生活·读书·新知三联书店，2009：143.

⑤ F R 利维斯．伟大的传统[M]．袁伟译．北京：生活·读书·新知三联书店，2009：94.

⑥ 特雷·伊格尔顿．二十世纪西方文学理论[M]．伍晓明译．北京：北京大学出版社，2007：30.

⑦ 特雷·伊格尔顿．二十世纪西方文学理论[M]．伍晓明译．北京：北京大学出版社，2007：30.

注于英国文学研究的道德重要性以及英国文学研究与整个社会生活质量的相关性，至今还无人企及”。①

英国文学从一个唯唯诺诺的站在古希腊罗马文学、德语文学、法国文学身旁的附庸，转身变为头戴多个光环的主要人物，离不开利维斯以及同伴们的文学批评实践。在民族认同意识高涨的时代，文学批评家们努力建构英国文学的伟大性，将各种优良品质和价值赋予给英国文学，提升英国民族文学的荣誉度，建构文学想象中的帝国文化优越感是民族认同情感带来的副产品。

4.3.2　激活对宗主国及其文化的向往

爱德华·萨义德在《文化与帝国主义》(*Culture and Imperialism*)中曾说到，虽然想象性文学——小说在帝国主义形成的过程中不是唯一重要的，但是“小说对于形成帝国主义的态度、参照系和生活经验极其重要”。② 萨义德认为虽然大部分人文学者并不会承认自己的文学作品与支持和激发帝国主义、奴隶制度、殖民主义、种族歧视等观念或制度联系起来，但是文学批评家们的文章却经常将它们联系起来，并且将殖民地或其他种族文化归类到劣等文化或从属文化中，以激发文学想象中的优越感。文学批评家们在评价文学作品时，“把关于殖民扩张、低等种族或黑鬼等观念归到与文化很不相同的一个门类里，在他们看来，文化是一个他们真正从属、并在其中做着真正重要工作的领域。这样构想出来的文化能够成为一块保护地：进来之前要先检查一下你的政治立场”。③

① 特雷·伊格尔顿．二十世纪西方文学理论[M]．伍晓明译．北京：北京大学出版社，2007：30.

② 爱德华·萨义德．文化与帝国主义[M]．李琨译．北京：生活·读书·新知三联书店，2016：2.

③ 爱德华·萨义德．文化与帝国主义[M]．李琨译．北京：生活·读书·新知三联书店，2016：4-5.

萨义德在康拉德的被誉为“一部杰出的政治小说”的《诺斯特洛莫》(*Nostromo*)①中注意到了这一点，他认为在康拉德的这部作品中“世界上有意义的行动和生活的源头都在西方。西方的代表可以随心所欲地把他们的幻想和仁慈强加到心灵已经死亡了的第三世界的头上。在这种观点看来，世界的这些边缘地区没有生活、历史或者文化可言；若没有西方，他们也没有独立和完整可言”。② 毫无疑问，一种文化凌驾于另一种文化之上时，就意味着被凌驾的文化是低劣的。殖民地国家和民族的文化是低劣落后的，读者在想象作品的过程中体验到那种隐晦不明但是又深深植根于宗主国民族文化中的优越感。

利维斯在《伟大的传统》中将海洋大师康拉德列为伟大的英国文学小说家之一，并在评价康拉德的《诺斯特洛莫》时，说道：“假如人们对他最值得注意的作品给予了应有的承认，那么这样一部作品便会享有优秀英语小说之一的名声。《诺斯特洛莫》肯定无疑就是这样一部作品。”③因此，我们可以说，《诺斯特洛莫》在英国文学中的高地位与利维斯的推崇和宣扬不无关联，利维斯甚至将康拉德此部小说中所展现的艺术表现力与利维斯心中的民族文学英雄莎士比亚的艺术表现力相媲美，认为其小说具有伊丽莎白时代戏剧的高超艺术水平。

---

① 《诺斯特洛莫》(*Nostromo*)讲述了发生在一个虚构的南美国家科斯塔瓦那的故事，主要地点为萨克拉省。这部小说情节丰富，人物众多，叙述方式新颖，气势宏大。在阅读过程中，读者很容易将其故事与欧洲殖民者和南美殖民地之间的征服与被征服的故事联系起来。因此，该小说也被认为具有史诗般的气质。诺斯特洛莫以英雄式的形象出场，最后却拜倒在银矿面前，成为盗窃银矿的贪婪之徒。虽然诺斯特洛莫看起来是主人公，其实不然。诺斯特洛莫的故事仅仅只是这部小说的一条情节线，英国银矿投资客查尔斯·古尔德、科斯塔瓦那的政变也都是小说的主要情节线。

② 爱德华·萨义德．文化与帝国主义[M]．李琨译．北京：生活·读书·新知三联书店，2016：13.

③ F R 利维斯．伟大的传统[M]．袁伟译．北京：生活·读书·新知三联书店，2009：249.

但是，有一点值得注意的是，利维斯对英国商船社的评价非常高。① 利维斯曾多处对英国商船社进行褒扬，并将这种褒扬提升到道德和人性的精神价值层面。利维斯说道，英国商船社“代表了那种人类成就——传统、规训和道德理想”。② 在评价这部小说时，利维斯曾说道：“《诺斯特洛莫》虽然兴味关怀丰富多样，而且布局紧凑，但我们在它的回声里，却听出了点儿空洞之音；虽说它多姿多彩又生趣盎然，但其间也透出了某种虚空的存在。”③如此优秀的小说《诺斯特洛莫》的空洞之音在哪里呢？缺点何在？

利维斯说：“康拉德对英国商船社的了解，显然是身在其中得来的。他由此间落笔，便能传达出那种自己自居的日常生活方式。他让我们认识了要覆灭其海员的种种险恶的自然力，却没有让我们感觉到在生活和意识之下张开的超验的沟壑：轮船上的现实平常亲切，让人安心，是实实在在的东西。《诺斯特洛莫》里就没有相当于英国商船社生活的东西——对日复一日的社会生活，它没有传达出什么深刻的意识来。”④

从上述引言中，我们可以看出，第一，利维斯对康拉德的评价非常高，康拉德能展现丰富的兴味关怀，而且小说布局紧凑，多姿多彩且生趣盎然，毫无疑问是一部精彩的有着持久价值的文学作品。第二，利维斯甚至认为，连康拉德这么优秀的作家都没有将英国商船社最本质的深刻价值完全体现出来，可见英国商船社所代表的价值是何等高尚。

然而，我们不能忘记的是，英国商船社是大英帝国金融资本势力在南美殖民地进行银矿开发和运输的机构。在利维斯眼中，英国商船社代表的是传统、规训和道德理想这样的精神价值，似乎忽略了在殖民地被压迫的

① F R 利维斯．伟大的传统[M]．袁伟译．北京：生活·读书·新知三联书店，2009：262.

② F R 利维斯．伟大的传统[M]．袁伟译．北京：生活·读书·新知三联书店，2009：261.

③ F R 利维斯．伟大的传统[M]．袁伟译．北京：生活·读书·新知三联书店，2009：262.

④ F R 利维斯．伟大的传统[M]．袁伟译．北京：生活·读书·新知三联书店，2009：262.

地区，英国商船社代表的也是宗主国大英帝国对殖民地自然资源的掠夺、对殖民地人民的剥削。显然，后者被利维斯默默抹去了，留下的是帝国征服者们的精神，并且是有关道德理想的精神，这成了一种帝国优越感的象征。对英国商船社有关道德理想的褒扬，就好像吉普林的“白人的负担”之说，殖民者对被殖民者的征服，不是掠夺与压迫，反而是在教化与帮助野蛮地区的人成为文明人一样。

有意思且具有反讽意味的是，如《诺斯特洛莫》一样，虽然康拉德的多部与欧洲殖民主义相关的小说被认为是对康拉德对帝国主义和殖民主义批判的体现，康拉德也被称为是反帝国主义和反殖民主义者，但是在康拉德的作品中，帝国的强大和第三世界的低劣却潜移默化地影响着读者，而对于作为宗主国人民的英国人，他们心中所怀的大英帝国的优越感以及对其他种族的歧视，也在文学想象中被激发出来。因此，令人遗憾的是，从某种程度上来说，康拉德的小说不是反帝国主义作品，而是走向了这个观点的反面，帮助利维斯等人文知识分子传播英国民族优越性的帝国主义作品。

由此，“正是利维斯主义充分表现了文学批评的政治性，在利维斯派的英国文学研究背后，是大不列颠帝国的宗主国意识和独此一家式的英国特色，亦即充分昂扬的民族自豪感”。① 而在宗主国民族认同信念驱使下所激发的帝国优越感是否值得传播，此优越感对于殖民地人民情感的伤害有多大，都是文学批评家们应该审慎对待的问题。

① 马海良．文化政治学的逻辑：伊格尔顿的文化批判思想概要[J]．外国文学，1999(04)：52-59.

结 语

利维斯的文学批评既关注文学内部的组织肌理，又关怀文学外部的社会关联，他采取的视域是多维度的，而且经常相互交替，但民族认同视域则是这些视域中非常重要的，占主导地位的批评审视角度和论域。本书选取民族认同视域，对利维斯文学批评作品进行阅读和阐释，从利维斯文学批评关注民族认同的动因、利维斯文学批评标准与民族认同的关系、民族认同需求影响下的利维斯文学批评实践以及对其得失进行的反思四个方面，系统研究了利维斯文学批评与民族认同视域之间的互动关系。

利维斯对民族认同的关注源自多方面的因素。首先，源于利维斯所处的英国文化批评传统中民族意识的熏陶和浸染，英国文化批评的内容涉及很多方面，其中有两个文化批评传统与利维斯的文学文化批评紧密相关，这两者分别是：道德主义传统和精英主义传统。其次，战后英国社会文化的民族认同需求也是原因之一。两次世界大战给英国的民族自信心和民族自豪感带来了重大创伤，战后反殖民浪潮也对英国产生强烈冲击，战后美国文化工业的迅猛发展对英国传统精英文化造成了强烈冲击，利维斯所处的时代是民族与民族之间冲突增加、国家民族关系剧变的特定时代，这是利维斯关注民族认同的时代因素。再次，利维斯个人的国家情怀对其民族认同情感也产生了重要作用，这是不能忽视的个人主体内在原因，利维斯的个人成长经历和学术兴趣选择都是利维斯关注民族认同的内在自觉力量。英国文化传统、时代客观需求和个人主体驱动力三个方面都是利维斯形成其与民族认同密切关联的批评观念的原因，是利维斯文学批评活动中的民族认同动因。

文学批评作为对文学进行价值判断的方式，文学批评家们有其批评标准，每个文学批评家或者流派的批评标准不尽相同。利维斯在进行文学价值判断的过程中，将民族认同作为一个重要衡量标尺，其中包括文学作品是否能发掘英国文学传统以凸显英国性、是否能彰显文学伦理凝聚英国民族认同情感、是否助益于读者品味英语艺术养成英国气质。英国文学传统中重视“生活”的独特艺术观也是英国民族性的体现，这与法国重视“艺术”本身的艺术观形成鲜明的民族特色对比。此外，利维斯在文学批评中还强调英国文学中“鲜活且细腻”的独特的英国性文学风格。不同的时代有不同的伦理准则和道德观念，在利维斯所处的特定时代，民众团结的精神非常重要，注重克己奉献精神的伦理道德观念则不容忽视。具有悲剧精神审美高度的英国文学作品给读者带来的伦理体验能提升民族文学的经典层次，从而提升民族自豪感。再者，从美国人詹姆斯的文学选择和波兰人康拉德的文学倾向可以看出，能够欣赏、肯定和品味英语艺术的文学家更加可能为英国文学带来荣誉度，因此更加可能被利维斯判定为优秀的文学家，他们的作品也更加可能被利维斯判定为优秀的文学作品。

利维斯的文学批评观与民族认同情感息息相关，他在其批评实践中，也以不同的形式做出了自己的努力和贡献。在民族认同意识影响下的利维斯，在其文学文本细读批评中，力求发现和挖掘英国的民族认同价值，如英语语言和道德主题的民族认同价值，以及强调英国文学传统中的现实性和乡土性等特征。利维斯还通过出版文学刊物《细察》传播民族认同理念，致力于以此途径凝聚文学批评家们的智识力量，并重塑文学的社会影响，使文学反过来更加具有传播民族认同信念的力量。利维斯还意识到民族认同的文化教育功能，并努力推行英语文学教育改革以塑造和巩固英国民族的民族认同情感。在英国文学批评学科获得独立性和合法性的过程中，以及剑桥大学的英语系建立和发展过程中，利维斯都起到了不可小觑的推动作用。利维斯一直致力于英语文学教育方式的改革，在英文教育改革过程中，利维斯更是著书立说，分别从宏观和微观层面，为英文教育改革的推进提供整体的精神指导以及具体的教学范例分析。

民族认同与文化观念之间的关系是一个颇具考察价值的研究命题，它涉及价值判断和心理情感之间的关系，对一个民族的民众行为会产生重要影响，因此我们需要审慎对待此命题，并进行必要的反思。利维斯文学批评的民族认同维度的考察进一步发掘了文学深层的文化政治属性及政治功能，民族认同意识赋予了文学批评重要的凝聚民心的社会责任，但与此同时，它的负面影响也不容忽视，过分强调文学的民族属性可能会带来淡化文学的审美属性以及弱化文学创作者的个人价值的影响。此外，狭隘的国家民族意识可能会导致宗主国文学批评家在激活文学想象中的凌驾于其他民族之上的帝国优越感的同时，削弱第三世界国家的文化价值等。因此，如何客观地看待民族认同和文学文化之间的关系，是文学批评家们应该警惕和谨慎对待的部分。

参考文献

一、利维斯著作

[1]F R Leavis. D. H. Lawrence[M]. Cambridge: Minority Press, 1930.

[2]F R Leavis. New Bearings in English Poetry: A Study of the Contemporary Situation [M]. London: Chatto & Windus, 1932.

[3]F R Leavis. For Continuity[M]. Cambridge: Minority Press, 1933.

[4]F R Leavis, Denys Thompson. Culture and Environment: The Trading of Critical Awareness[M]. London: Chatto & Windus, 1934.

[5]F R Leavis. Revaluation: Tradition and Development in English Poetry[M]. London: Chatto & Windus, 1936.

[6]F R Leavis. The Great Tradition[M]. New York: New York University Press, 1963.

[7]F R Leavis. The Common Pursuit[M]. London: Chatto & Windus, 1952.

[8]F R Leavis. *Scrutiny*: A Quarterly Review I (1932—1933)[M]. Cambridge: Cambridge University Press, 1963.

[9]F R Leavis. Anna Karenina and Other Essays[M]. London: Chatto & Windus, 1967.

[10]F R Leavis. Towards Standards of Criticism[M]. London: Lawrence and Wishart, 1968.

[11]F R Leavis, Q D Leavis. Lectures in America[M]. London: Chatto & Windus, 1969.

[12]F R Leavis, Q D Leavis. Dickens the Novelist[M]. London: Chatto & Windus, 1970.

[13]F R Leavis. Nor Shall My Sword: Discourse on Pluralism, Compassion and Social Hope[M]. New York: Barnes & Noble Books, 1972.

[14]F R Leavis. Letters in Criticism[M]. London: Chatto & Windus, 1974.

[15]F R Leavis. The Living Principle: English as a Discipline of Thought[M]. London: Chatto & Windus, 1975.

[16]F R Leavis. Thought, Words and Creativity: Art and Thought in Lawrence[M]. London: Chatto & Windus, 1976.

[17]F R Leavis. Education and the University[M]. Cambridge: Cambridge University Press, 1979.

二、其他专著

[1]Anthony Smith. National Identity[M]. London: Penguin Books, 1991.

[2]Antony Easthope. Englishness and National Culture[M]. London and New York: Routledge Press, 1999.

[3]Alan Sinfield. Literature, Politics, and Culture in Postwar Britain[M]. Berkeley and Los Angeles: University of California Press, 1989.

[4]Anne Samson. F. R. Leavis[M]. Toronto & Buffalo: Univerisity of Toronto Press, 1992.

[5] Childs Peter. Modernism and the Post-Colonial: Literature and Empire 1885—1930[M]. London: Heineman, 2007.

[6] Chris Baldick. The Social Mission of English Criticism 1848—1932[M]. Oxford: Clarendon Press, 1983.

[7] David I Miller. Citizenship and National Identity[M]. Cambridge: Polity Press, 2000.

[8] Edward W Said. Culture and Imperialism[M]. New York: Vintage Press, 2012.

[9] Ernest Gellner. Nations and Nationalism[M]. Oxford: Basil Blackwell, 1983.

[10] E P Tompson. The Making of the English Working Class[M]. Harmondsworth: Penguin Books, 1968.

[11] Francis Mulhern. The Moment of *Scrutiny*[M]. London: New Left Books, 1981.

[12] Graham MacPhee. Postwar British Literature and Postcolonial Studies[M]. Edinburgh: Edinburgh University Press, 2011.

[13] George Steiner. 20th Century Literary Criticism[M]. London: Longman Group Limited, 1972.

[14] George Watson. The Literay Critics: A Study of English Descriptive Criticism[M]. Monds worth: Penguin, 1962.

[15] John A Hall. Nationalism and War[M]. Cambridge: Cambridge University Press, 2013.

[16] Jurgen Grimm, et al. Dynamics of National Identity: Media and Societal Factors of What We Are[M]. New York: Routledge Press, 2016.

[17] Lionel Trilling. Beyond Culture: Essays on Literature and Learning[M]. New York: Viking Press, 1965.

[18] Martin Burgess. The English Novel in the Twentieth Century: The Doom of Empire[M]. Pennsylvania: Pennsylvania State University Press, 1987.

[19] Micheal Bell. F. R. Leavis[M]. London and New York: Routledge, 1988.

[20] Q D Leavis. Fiction and the Reading Public [M]. New York: Penguin Books, 1979.

[21] R P Bilan. The Literary Criticism of F. R. Leavis [M]. Cambridge: Cambridge University Press, 2010.

[22] Ronald Hayman. Leavis [M]. London: Heinemann Educational Books Ltd., 1976.

[23] Raymond Williams. Culture and Society: 1780—1950 [M]. London: Chatto & Windus, 1958.

[24] Anonymous. Scrutiny [M]. Cambridge: Cambridge University Press, 1963.

[25] Simon Schama. The Face of Britain: The Nation through Its Portraits [M]. London: The Penguin Press, 2015.

[26] Eric Bentley. The Importance of *Scrutiny* [M]. New York: George W. Stewart Publisher Inc., 1948.

[27] Vincent Buckley. Poetry and Morality: Studies on the Criticism of Matthew Arnold, T. S. Eliot and F. R. Leavis [M]. London: Chatto & Windus Ltd, 1961.

[28] Williams Raymond. Keywords: A Vocabulary of Culture and Society [M]. New York: Oxford University Press, 1985.

[29] William Walsh. F. R. Leavis [M]. Bloominton & London: Indiana Univerisity Press, 1980.

[30] 安东尼·吉登斯．现代性与自我认同[M]．赵旭东，方文译．北京：生活·读书·新知三联出版社，1998.

[31] 安东尼·史密斯．全球化时代的民族与民族主义[M]．龚维斌，良警宇译．北京：中央编译出版社，2002.

[32] 安妮特 T 鲁宾斯坦．英国文学的伟大传统[M]．陈安全等译．上海：上海译文出版社，1996.

[33] 埃里克·霍布斯鲍姆，T 兰格．传统的发明[M]．顾杭，庞冠群译．南京：译林出版社，2004.

[34]爱德华·萨义德．知识分子论[M]．单德兴译．北京：生活·读书·新知三联书店，2002.

[35]爱德华·萨义德．文化与帝国主义[M]．李琨译．北京：生活·读书·新知三联书店，2016.

[36]阿萨·勃里克斯．英国社会史[M]．陈叔平等译．北京：中国人民大学出版社，1991.

[37]本尼迪克特·安德森．想象的共同体：民族主义的起源与散布[M]．吴叡人译．上海：上海人民出版社社，2011.

[38]程巍．中产阶级的孩子们——60年代与文化领导权[M]．北京：生活·读书·新知三联书店，2006.

[39]厄内斯特·盖尔纳．民族与民族主义[M]．韩红译．北京：中央编译出版社，2002.

[40]F R 利维斯．伟大的传统[M]．袁伟译．北京：生活·读书·新知三联书店，2009.

[41]F R 利维斯．文学与社会[C]//中国科学院文学研究所．现代美英资产阶级文艺理论文选上编．北京：作家出版社，1962.

[42]樊义红．文学的民族认同特性及其文学性生成——以中国当代少数民族小说为中心[M]．北京：中国社会科学出版社，2016.

[43]霍布斯鲍姆．传统的发明[M]．顾航，庞冠群译．南京：译林出版社，2004.

[44]黑格尔．法哲学原理[M]．范祥，张企泰译．北京：商务印书馆，2018.

[45]韩震．全球化时代的文化认同与国家认同[M]．北京：北京师范大学出版社，2013.

[46]季水河．多维视野中的文学与美学[M]．北京：东方出版社，2002.

[47]江宁康．美国当代文学与美利坚民族认同[M]．南京：南京大学出版社，2008.

[48]金莉，李铁．西方文论关键词(第二卷)[M]．北京：外语教学与研究

出版社，2017.
[49]雷纳・韦勒克．近代文学批评史[M]．杨自伍译．上海：上海译文出版社，2009.
[50]雷蒙・威廉斯．文化与社会[M]．高晓玲译．长春：吉林出版集团有限责任公司，2011.
[51]李怀亮，刘悦迪．文化巨无霸：当代美国文化产业研究[M]．广州：广东人民出版社，2005.
[52]陆扬，王毅．文化研究导论[M]．上海：复旦大学出版社，2011.
[53]马丁・布伯．我与你[M]．陈维纲译．北京：生活・读书・新知三联书店，2002.
[54]马修・阿诺德．文化与无政府状态[M]．北京：中国人民大学出版社，2012.
[55]诺斯罗普・弗莱．批评的解剖[M]．陈慧等译．天津：百花文艺出版社，2006.
[56]聂珍钊．文学伦理学批评导论[M]．北京：北京大学出版社，2014.
[57]钱乘旦，许杰明．英国通史[M]．上海：上海社会科学院出版社，2012.
[58]特雷・伊格尔顿．二十世纪西方文学理论[M]．伍晓明译．北京：北京大学出版社，2007.
[59]特雷・伊格尔顿．历史中的政治、哲学、爱欲[M]．马海良译．北京：中国社会科学出版社，1999.
[60]童庆炳．文化诗学：理论与实践[M]．北京：北京大学出版社，2015.
[61]汤林森．文化帝国主义[M]．冯建三译．北京：生活・读书・新知三联书店，1999.
[62]孙有中．美国文化产业[M]．北京：外语教学与研究出版社，2007.
[63]韦勒克，沃伦．文学理论[M]．江苏：江苏教育出版社，2005.
[64]尤尔根・哈贝马斯．后民族结构[M]．曹卫东译．上海：上海人民出版社，2002.

[65]伊恩·瓦特．小说的兴起[M]．高原等译．北京：生活·读书·新知三联书店，1992.

[66]殷企平．文化辩护书：19世纪英国文化批评[M]．上海：上海外语教育出版社，2013.

[67]杨自伍．教育：让人成为人——西方大思想家论人文与科学[M]．北京：北京大学出版社，2010.

[68]亚里士多德．政治学[M]．北京：商务印书馆，1981.

[69]赵一凡．西方文论关键词[M]．北京：外语教学与研究出版社，2006.

[70]朱光潜．西方美学史[M]．北京：商务印书馆，2011.

[71]郑晓云．文化认同论[M]．北京：中国社会科学出版社，1992.

[72]张云鹏．文化权：自我认同与他者认同的向度[M]．北京：社会科学文献出版社，2007.

[73]张瑞卿．F R 利维斯与英美新批评[C]//北京师范大学文学院．励耘学刊．北京：学苑出版社，2010.

三、期刊和辑刊论文

[1]曹莉．鲜活的源泉——再论剑桥批评传统及其意义[J]．清华大学学报，2006(5).

[2]曹莉．文化自觉与文化批评的新契机——阿诺德、利维斯、威廉斯对我们的启示[J]．中国比较文学，2010(3).

[3]曹莉．利维斯与《细察》[J]．当代外国文学，2017(4).

[4]方维规．民族主义原则损伤之后[J]．社会科学，2006(5).

[5]贺晓武．虚构作品的文学伦理学[J]．广西师范大学学报(哲学社会科学版)，2008(6).

[6]胡强．剑桥：大学之道[J]．外语与翻译，2016(2).

[7]李立．论期刊编辑在文化信息传播中的角色功能[J]．现代传播，2006(6).

[8]熊静雅．利维斯“实践中的批评”之渊源与内涵[J]．国外文学，2018

(3).
[9]马海良．文化政治学的逻辑：伊格尔顿的文化批判思想概要[J]．外国文学，1999(4).
[10]孟祥春．“反理论”与“理论”——论利维斯的批评观[J]．文艺理论研究，2015(5).
[11]聂珍钊．剑桥学术传统与研究方法：从利维斯谈起[J]．外国文学研究，2006.
[12]聂珍钊．文学伦理学批评与道德批评[J]．外国文学研究，2006(2).
[13]欧荣．从“少数人”到“心智成熟的民众”——利维斯的文化批评与“共同体”形塑[J]．杭州师范大学学报，2015(4).
[14]王庆，董洪川．经典与大学：也谈新时代外语专业人才培养问题——重读白璧德与利维斯[J]．外语电化教学，2019(3).
[15]王宁．全球化语境下的文化研究和文学研究[J]．文学评论，2000(3).
[16]熊静雅．利维斯的诗歌语言观[J]．外国文学评论，2017(1).
[17]杨旭村．文化传播：期刊的重要使命[J]．编辑之友，1991(6).
[18]殷企平．两种文化和英国高等教育(上)[J]．高等教育研究，1994(2).
[19]殷企平．两种文化和英国高等教育(下)[J]．高等教育研究，1994(3).
[20]周晓亮．西方近代认识论论纲：理性主义与经验主义[J]．哲学研究，2003(10).
[21]周宪．文学与认同[J]．文学评论，2006(6).
[22]邹渝．厘清伦理与道德的关系[J]．道德与文明，2004(5).
[23]张德旭．西方文学伦理学批评：脉络与方法[J]．东北大学学报(社会科学版)，2016(2).
[24]郑晓明．文学伦理批评的四个标准[J]．沈阳师范大学学报(社会科学版)，2019(2).
[25]张瑞卿．利维斯《细察》集团回溯实录[J]．文艺理论研究，2017(3).

[26]张丹丹．利维斯与艾略特：从劳伦斯谈起[J]．外国文学研究，2019(1)．

[27]周宪．文学与认同[J]．文学评论，2006(6)．

[28]张平功．文化主义的传承：解读英文研究[J]．外语与外语教学，2003(7)．

[29]赵国新．英国文化研究的起源述略[J]．外国文学，2000(5)．

[30]Michael Bell. Creativity and Pedagogy in Leavis [J]. Philosophy and Literature, 2016(4).

[31]Striphas Ted Striphas. Known-Unknowns: Matthew Arnold, F. R. Leavis, and the Government of Culture[J]. Cultural Studies, 2017(1).

[32]Edward Greenwood. Leavis, Tolstoy, Lawrence, and Ultimate Questions [J]. Philosophy and Literature, 2016(1).

四、学位论文

[1]周莉莉．韦恩布斯小说伦理学研究[D]．江西师范大学，2018.

[2]孟祥春．利维斯文学批评研究[D]．苏州大学，2011.

[3]高兰．利维斯与英国小说传统的重估[D]．吉林大学，2002.